Homemade®

Regina Schneider & Birgit Hackl

Homemade [H]

99 Lieblingsessen für Kinder

Illustrationen
von Thorsten Saleina

GERSTENBERG

Inhaltsverzeichnis

Gesund durch den Tag

Essen ist fertig

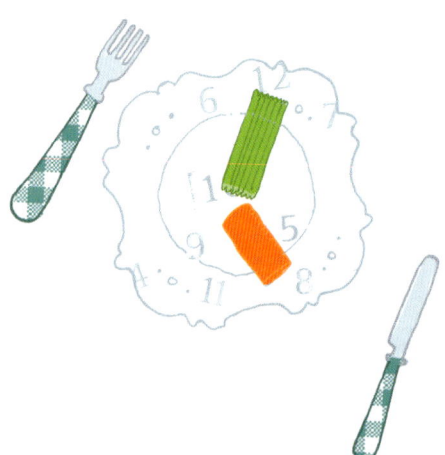

Lieblingsessen

Schlemmen wie im Urlaub

Partys und Feste

Unterwegs

Kranke Hasen

Gesund durch den Tag

Zwischen Schule, Hausaufgaben, Sport und Freunden haben Kinder wenig freie Zeit. Damit gesundes Essen dabei nicht zu kurz kommt, sind über den Tag verteilt abwechslungsreiche Gerichte gefragt, die Energie und Vitamine bieten und den Geschmack der kleinen Feinschmecker treffen.

So lecker kann Frühstück sein! Toastbrot, Porridge oder für Eilige ein Müsli zum Trinken.

Auch für die Schulpausen ist Abwechslung möglich. Überraschen Sie Ihre Pennäler mit einem selbst gemachten Erdbeer-Smoothie oder mit köstlichen Frucht-Käse-Spießen.

Für den Hunger am Nachmittag haben Sie mit Haferflocken-Rosinen-Cookies oder einem Erdnuss-Dip für Obst und Gemüse bestens vorgesorgt. Und zum TV- oder PC-Spaß können Sie selbst gemachte Kartoffelchips und peppige Gurken-Lollies ausprobieren.

Den Sportskanonen verschaffen Sie mit einem Fitness-Shake, Tortellonisalat und Veggie-Burgern die nötige Energie.

Frühstück für fitte Kids

Vollwertig soll es sein und lecker dazu.
Mit dem richtigen Frühstück im Bauch kann der Tag beginnen.
Diese Rezepte überzeugen sogar Frühstücks-Muffel.

✗ Müsli zum Trinken

Ergibt 4 Portionen

400 g Joghurt (3,5 %)
250 ml Orangensaft, frisch gepresst
3 EL Weizenkeime (Bio-Laden)
2 geschälte Nektarinen, entkernt, gewürfelt
2 EL Birnendicksaft (Bio-Laden)

○ Joghurt, Orangensaft, Weizenkeime, Nektarinen und Birnendicksaft mit dem Pürierstab oder im Mixer pürieren, in Gläser
füllen und mit dickem Strohhalm servieren.

TIPP
Statt Nektarinen können Sie auch Bananen oder frische Beeren
verwenden.

Porridge Homemade[H]

Ergibt 4 Portionen

500 ml	Milch
2 EL	Honig
	Mark einer Vanilleschote
½ TL	Zimt
180 g	kernige Vollkorn-Haferflocken
1 EL	Erdnusscreme

- Milch mit Honig, Vanillemark und Zimt zum Kochen bringen, Haferflocken einrühren und auf kleiner Flamme 5 Min. köcheln lassen, bis der Brei weich und cremig ist. Topf vom Feuer nehmen und Erdnusscreme einrühren.
- Porridge auf Teller verteilen und warm servieren.

TIPP
Obendrauf schmecken Nüsse oder Mandeln sowie Rosinen und andere Trockenfrüchte.

Vollkorn-Toast

Für eine 30-cm-Kastenform

350 g	Mehl (Type 550)
150 g	Weizenvollkornmehl
10 g	Butter
20 g	frische Hefe
10 g	Salz
300 ml	Wasser
50 ml	Milch
	Fett für die Form

- Mehl in eine Schüssel geben und gut mischen. Butter und Hefe mit den Händen ins Mehl reiben. Salz, Wasser und Milch dazugeben und mit dem Knethaken zu einem glatten Teig kneten. Zugedeckt 60 Min. gehen lassen, bis sich das Volumen verdoppelt hat.
- Teig mit einem Teigschaber auf die bemehlte Arbeitsfläche heben, zu einem Laib formen und in die leicht gefettete Kastenform legen. Zugedeckt 60 Min. gehen lassen.
- Im vorgeheizten Backofen bei 220 °C (Umluft 200 °C) 25 Min. mit Alufolie bedeckt backen. Weitere 5 Min. ohne Folie goldbraun fertigbacken.
- Vollkorn-Toast abkühlen lassen, in Scheiben schneiden und toasten.

TIPP
Dieses Toastbrot können Sie auch auf Vorrat backen und einfrieren.

Pausensnack für Schule & Kita

Kinder brauchen Abwechslung in der Frühstücks-Box.
Anstelle von Butterstullen machen diese Überraschungen
bestimmt Karriere in der Frühstückspause.

✗ *Frucht–Käse–Spieße*

Ergibt 4 Portionen

100 g	Cocktailtomaten
1	Apfel, entkernt, geviertelt, in Stücke geschnitten
100 g	Weintrauben
1	Banane, in dicke Scheiben geschnitten
¼	frische Ananas, in Stücke geschnitten
100 g	junger Gouda, gewürfelt
2 EL	Zitronensaft

- ✪ Zutaten nach Belieben auf kleine Holzspieße stecken, Obststücke mit Zitronensaft beträufeln und in eine gut verschließbare Frühstücksdose schichten.

TIPP
Auch Trockenfrüchte (ungeschwefelt) schmecken zwischen frischem Obst und Käse.

Erdbeer-Smoothie

Ergibt 4 Portionen

500 g	frische Erdbeeren, geputzt oder tiefgefroren
2	Bananen, in Stücke geschnitten
1	Apfel, entkernt, in Stücke geschnitten
1	Birne, entkernt, in Stücke geschnitten
2 EL	Honig
250 ml	Orangensaft, frisch gepresst
	stilles Mineralwasser

- ✪ Alle Zutaten im Mixer pürieren. Mit Mineralwasser auf 1 Liter auffüllen.
- ✪ Smoothie in verschließbare Flaschen à 250 ml füllen und bis zum Verzehr kühlen. Vor dem Öffnen kräftig schütteln.

✗ Pumpernickel-Doppeldecker

Ergibt 4 Stück

100 g	Frischkäse
1 Prise	Salz
1 Prise	Paprika (edelsüß)
1 EL	frische Kräuter, gehackt
12 Scheiben	Pumpernickel, rund

Für die Dekoration

4	Mini-Cornichons
4	Cocktailtomaten
	Zahnstocher

- ✪ Frischkäse mit Salz, Paprika und Kräutern vermischen.
- ✪ Kräuter-Frischkäse auf 8 Pumpernickel-Scheiben verteilen. Je 2 Scheiben mit Frischkäse übereinandersetzen und je 1 Scheibe ohne Käse als Deckel obendrauf setzen.
- ✪ Je ein Mini-Cornichon und eine Tomate auf einen Zahnstocher stecken und Pumpernickel-Doppeldecker damit dekorieren.

Zwischendurch

*»Mami, kriegen wir was Süßes?« Stellen Sie
den kleinen Naschkatzen auf die Frage feine
und gesunde Leckereien vor die Nase.*

Haferflocken-Rosinen-Cookies

Ergibt ca. 30 Stück

180 g	Butter, zimmerwarm
150 g	brauner Zucker
1 Prise	Salz
2	Eier
160 g	Mehl (Type 405 oder 550)
½ TL	Backpulver
½ TL	Natron
	Mark einer Vanilleschote
200 g	Rosinen, ungeschwefelt
200 g	kernige Vollkorn-Haferflocken

- Butter, Zucker, Salz mit der Küchenmaschine schaumig rühren, Eier nach und nach zugeben und weiterrühren. Mehl mit Backpulver und Natron mischen und mit einem Holzlöffel kurz unterrühren. Vanillemark, Rosinen und Haferflocken unterziehen.
- Mit einem Esslöffel 30 kleine Teighäufchen im Abstand von 6 cm auf zwei bis drei mit Backpapier ausgelegte Backbleche setzen. Mit dem Löffel etwas flachdrücken, so dass Cookies mit etwa 5 cm Durchmesser entstehen.
- Haferflocken-Rosinen-Cookies im vorgeheizten Backofen bei 170 °C (Umluft 150 °C) 8 bis 10 Min. goldbraun backen, auskühlen lassen und in Blechdosen aufbewahren.

X Erdnussdip mit Obst und Gemüse

Ergibt 4 Portionen

150 g	Erdnusscreme
100 g	Frischkäse
150 g	Joghurt (3,5 %)
½ TL	Salz

12 Apfel- und Birnenschnitze, entkernt
12 Möhren- und Gurkenstreifen, geschält
12 Bleichselleriestangen, geputzt

○ Erdnusscreme, Frischkäse, Joghurt und Salz mit dem
Schneebesen zu einer glatten Creme rühren.
○ Obst und Gemüse anrichten und mit Erdnussdip servieren.

Filmabend

*Wenn Freunde ins Heimkino kommen, gibt es
Knabbereien aus der Homemade-Küche.
Da greifen alle gerne zu!*

✕ *Gurken-Lollies*

Ergibt etwa 15 Stück

1	Bio-Salatgurke
2–3	Möhren, geschält
1	Apfelausstecher
	Holzspieße
½	Grapefruit

- Enden von der Gurke abschneiden und Gurke mit Schale in
  15 Scheiben schneiden. Mit dem Apfelausstecher in jeder Schei-
  benmitte ein Loch ausstechen.
- Möhren in gleich dünne Scheiben wie die Gurken schneiden und
  jeweils eine Möhrenscheibe in das Loch einer Gurkenscheibe
  drücken. Auf Holzspieße stecken und die Lollies auf eine halbe,
  umgedrehte Grapefruit stecken.

Kartoffelchips Homemade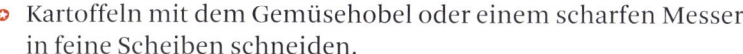(H)

Ergibt 4 Portionen

4	große Kartoffeln, geschält
1½ l	Sonnenblumenöl
	feines Meersalz
	Paprikapulver edelsüß

- ☺ Kartoffeln mit dem Gemüsehobel oder einem scharfen Messer in feine Scheiben schneiden.
- ☺ Öl in einem breiten Topf auf 180 °C erhitzen. Das Öl hat die richtige Hitze, wenn sich an einem Holzlöffel kleine Bläschen bilden.
- ☺ Kartoffelscheiben portionsweise im Öl hellbraun frittieren, mit einer Schaumkelle herausnehmen und auf Küchenkrepp abtropfen lassen. Mit Salz und Paprika bestreuen und abkühlen lassen.

TIPP
Statt Kartoffeln können Sie auch frische, geschälte rote Beete verwenden. Zu den Chips passt ein selbst gemachter Dip aus Quark, Sauerrahm und frischen Kräutern.

Nach dem Sport

*Kleine Fußball-Stars, Eislaufkünstlerinnen oder
Karate-Helden haben nach dem Training Hunger.
Diese Energie-Wunder machen die Sportskanonen wieder fit.*

✗ Fitness-Milchshake

Ergibt 4 Portionen

500 ml	Milch (3,5 %)
100 g	Quark (20 %)
250 g	Beeren, frisch oder tiefgefroren
2	Kugeln Vanilleeis
1 EL	Zitronensaft
	Mark von ½ Vanilleschote

⊙ Milch mit Quark, Beeren, Vanilleeis, Zitronensaft und Vanillemark im Mixer fein pürieren. Fitness-Milchshake in Gläser füllen
und mit dickem Strohhalm servieren.

Tortellonisalat mit Kirschtomaten

Ergibt 4 Portionen

300 g	frische Spinat-Käse-Tortelloni (Kühlregal)
1 EL	Olivenöl

Für die Vinaigrette

2 EL	Weißwein-Essig
	Salz
	Pfeffer aus der Mühle
1 Prise	Zucker
3–4 EL	Olivenöl

200 g	Kirschtomaten, halbiert
50 g	getrocknete Tomaten in Öl, in Streifen geschnitten
1	Zwiebel, fein gewürfelt

Für die Ricotta-Creme

150 g	Ricotta-Käse
80 g	Crème fraîche
	Salz
	Pfeffer aus der Mühle
½ Bd.	Basilikum, gezupft

Für die Dekoration

30 g	Pinienkerne, leicht geröstet

- Tortelloni in kochendem Salzwasser 3 Min. garen, abgießen und kalt abschrecken (damit sie nicht zusammenkleben), gut abtropfen lassen und mit Olivenöl vermischen.
- Essig, Salz, Pfeffer und Zucker verrühren, Olivenöl dazugeben und zu einer Vinaigrette verrühren.
- Kirschtomaten, getrocknete Tomaten und Zwiebel mit der Vinaigrette mischen und 20 Min. ziehen lassen.
- Ricotta mit Crème fraîche verrühren, mit Salz und Pfeffer würzen. Basilikumblätter vorsichtig unterheben.
- Tortelloni mit Tomaten-Zwiebel-Vinaigrette und Ricotta-Creme mischen.
- Tortellonisalat mit Kirschtomaten zum Schluss mit Pinienkernen bestreuen und servieren.

Veggie–Burger

Ergibt 4 Stück

Für die Bratlinge

70 g	Bio-Grünkernschrot
200 ml	Wasser
2 TL	Bio-Gemüsebrühepulver
1 EL	Crème fraîche
2 EL	Mehl
1	Zwiebel, gehackt
1 EL	Petersilie, gehackt
1	Ei
50 g	(Vollkorn-)Semmelbrösel
	Salz und schwarzer Pfeffer aus der Mühle
6 EL	Rapsöl

Für den Belag

3 EL	Crème fraîche
2 TL	Senf
3 EL	Tomatenmark
	einige Salatblätter
4 Scheiben	Käse, z. B. Gouda
2	Tomaten, in Scheiben geschnitten
3	Gewürzgurken, in Scheiben geschnitten
6	Vollkorn-Weizenbrötchen

- ☉ Grünkernschrot mit Wasser, Gemüsebrühe, Crème fraîche und Mehl zum Kochen bringen und gut verrühren. Topf vom Feuer nehmen und zugedeckt etwa 25 Min. quellen lassen.
- ☉ Zwiebel, Petersilie, Ei und Semmelbrösel unter die Masse mischen, mit Salz und Pfeffer würzen.
- ☉ Grünkernmasse zu 6 flachen Frikadellen formen. Rapsöl in einer beschichteten Pfanne erhitzen und Bratlinge von beiden Seiten knusprig braten.
- ☉ Für den Belag Crème fraîche mit Senf und Tomatenmark verrühren. Brötchen aufschneiden und untere Hälfte mit der Tomatencreme bestreichen, mit Salat, Bratling, Käse, Tomaten und Gewürzgurken belegen.
- ☉ Veggie-Burger mit der oberen Brötchenhälfte bedecken und servieren.

Essen ist fertig

Samstags oder sonntags kann endlich für eine größere Runde und mit mehr Ruhe gekocht werden. Dennoch: Leicht in der Vorbereitung soll es sein und großartig im Geschmack.

Zu den Favoriten am Wochenende zählen z. B. Krustenbraten mit Weißkrautsalat, Spargel mit Grüner Sauce oder Gefüllte Auberginen und Paprikaschoten. Beim gemütlichen Brunch für alle zählt die leckere Auswahl: Dazu gehören auch Gefüllte Quarkbrötchen oder Frenchtoast mit Ahornsirup.

Wenn es dann unter der Woche wieder heißt: »Und was gibt's zu Essen?«, stehen Kinder-Favoriten wie Würstchen mit Gurken-Kartoffelsalat, Gebratene Schupfnudeln und Käsespätzle mit Salat oben auf dem Siegertreppchen. Und wenn es ratzfatz gehen soll, punkten mittags leckere Hamburger – deluxe versteht sich.

Abends kann es nicht genügend Abwechslung geben: Omeletts, Kartoffelpuffer oder Griesbrei vom Herd, oder, wenn die Küche kalt bleibt, würzigen Kräuterquark oder Gefüllte Tomaten; und als besonderen Bonus Schokopudding.

Wenn die Koch-Zeit besonders kurz ist, haben Kartoffelbrei mit Spiegelei, Toast Hawaii oder Würstchengulasch noch immer gute Chancen, in die Liga der Lieblingsessen aufzusteigen!

Sonntagsessen

Sonntage sind ideal für Schlemmereien,
für die unter der Woche nicht genügend Zeit ist.
Da kommt endlich eine größere Runde
um den Tisch zusammen!

Spargel mit Grüner Sauce

Ergibt 4 Portionen

1–2 kg	frischer Spargel, geschält
20 g	Butter
	Salz
1 TL	Zucker
	Wasser zum Kochen

Für die grüne Sauce

je 25 g	Schnittlauch, Petersilie, Kerbel, Kresse, Sauerampfer, Borretsch, Pimpinelle
1	zimmerwarmes Eigelb
	Saft von 1 Zitrone
1 TL	Salz
½ TL	weißer Pfeffer, gemahlen
1 Prise	Zucker
1 TL	mittelscharfer Senf
250 ml	Öl
125 g	saure Sahne
125 g	Naturjoghurt
3	hartgekochte Eier, gepellt und gewürfelt

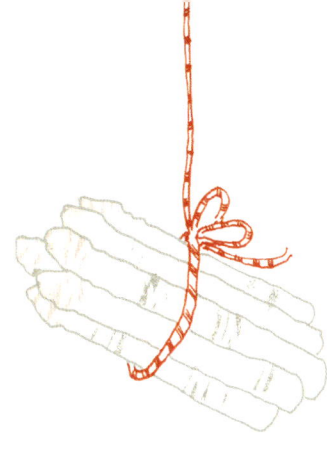

- Für den Spargel die Butter in einem länglichen Topf erhitzen, Spargel hineinschichten, Salz und Zucker dazugeben. Mit Wasser knapp bedecken und aufkochen lassen. Den Spargel zugedeckt in etwa 25–30 Min. bissfest dünsten, abtropfen und warmstellen.
- In der Zwischenzeit für die Grüne Sauce die verschiedenen Kräuter waschen und mit dem Wiegemesser oder im Mixer fein hacken.
- Aus Eigelb, Zitronensaft, Salz, Pfeffer, Zucker, Senf und zum Schluss Öl mit einem Holzlöffel rasch eine Mayonnaise rühren, dabei das Öl erst tropfenweise und – sowie man die Mayonnaise gebunden hat – dann schneller zulaufen lassen.
- Saure Sahne und Joghurt einrühren und nochmals mit Salz und Pfeffer abschmecken.
- Kräuter in die Mayonnaise geben und verrühren. Eierwürfel dazugeben und nochmals umrühren.
- Die Grüne Sauce zum warmen Spargel servieren.

KÜCHEN-TIPP
Fehlt eine Kräuterzutat bei der Grünen Sauce, helfen Spinat, Brunnenkresse oder Zitronenmelisse aus. Zu Spargel mit Grüner Sauce schmecken Salzkartoffeln, kleine panierte Schnitzel oder dünn aufgeschnittener, roher und gekochter Schinken.

✗ Salzkartöffelchen mit Paprika-Dip

Ergibt 4 Portionen

1 kg kleine, festkochende Bio-Kartoffeln
      grobes Meersalz

Für den Dip

    2 rote Paprikaschoten
      heißes Wasser
    6 Knoblauchzehen, geschält und grob gehackt
½ TL scharfes Paprikapulver
½ TL Kreuzkümmel
100 ml weißer Balsamico
200 ml Olivenöl
      feines Meersalz

- ☉ Kartoffeln mit Schale waschen und in einen großen Topf geben.
- ☉ Mit Wasser bedecken und so viel Meersalz ins Kochwasser geben, bis die Kartoffeln nach oben schwimmen.
- ☉ Kartoffeln langsam bissfest kochen. Wasser abgießen und die Kartoffeln bei milder Hitze so lange im Topf schwenken, bis sie runzlig geworden sind und eine leichte Salzkruste haben.
- ☉ Für den Dip Paprikaschoten mit heißem Wasser übergießen und 30 Min. ziehen lassen. Anschließend die Haut abziehen, die Schoten entkernen und in Stücke hacken.
- ☉ Gehackte Paprikaschoten und Knoblauchzehen, Paprikapulver, Kreuzkümmel und die Hälfte des Essigs im Mixer so lange pürieren, bis eine cremige Masse entstanden ist. Langsam Öl dazugeben und nur so viel des restlichen Essigs, bis die Masse gebunden ist. Mit feinem Meersalz abschmecken.
- ☉ Salzkartöffelchen heiß mit Paprika-Dip servieren.

Brathuhn im Salzring

Ergibt 4 Portionen

1½ kg Brathuhn (z. B. Bressehuhn)

Für die Marinade
5 EL Olivenöl
1 TL feines Meersalz
1 EL frisch gemahlener schwarzer Pfeffer
2–3 EL frische Estragon- oder Thymianblätter, gehackt

Für den Salzrand
1 kg grobes Meersalz

Alufolie zum Einwickeln

- Huhn unter fließendem Wasser innen und außen säubern und mit Küchenkrepp trockentupfen.
- Olivenöl, Salz, Pfeffer und Estragon- oder Thymianblätter verrühren und das Huhn innen und außen damit einreiben.
- Huhn in die Mitte eines Backblechs geben und das Salz ringförmig im Abstand von 3–4 cm um das Huhn geben.
- Das Huhn in den auf 200 °C (Umluft 180 °C) vorgeheizten Backofen geben.
- Nach 15 Min. Hitze auf 175 °C (Umluft 155 °C) reduzieren und in weiteren 35 bis 45 Min. knusprig braun braten.
- Brathuhn aus dem Ofen nehmen, dick in Alufolie einpacken und etwa 5–10 Min. ruhen lassen.
- Das Brathuhn aus der Folie nehmen, auf eine vorgewärmte Platte geben und tranchieren.

Essen ist fertig

Krustenbraten mit Weißkrautsalat

Ergibt 4 Portionen

Für den Krustenbraten

1½ kg	Schweinebraten mit Schwarte, aus dem Schinkenstück
	Salz und frisch gemahlener schwarzer Pfeffer
3 EL	Butterschmalz
1 Bd.	Suppengemüse, geputzt
1	geschälte Gemüsezwiebel, gehackt
1 EL	Tomatenmark
1 EL	Mehl
250 ml	Fleisch- oder Gemüsebrühe
2	Lorbeerblätter
2	Thymianzweige
4	Wacholderbeeren
8	Pfefferkörner
2 EL	Honig
	Salz
	Pfeffer

Für den Weißkrautsalat

800 g	Weißkohl
1	geschälte Zwiebel, gehackt
1 TL	Salz
1 TL	Butterschmalz
200 ml	heiße Fleischbrühe
6 EL	Essig
6 EL	Öl
1 EL	Kümmel
1 TL	Zucker
	Salz
	frisch gemahlener weißer Pfeffer

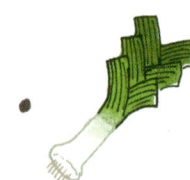   

- Für den Krustenbraten die Schwarte mit einem Messer an der Oberfläche rautenförmig etwa ½ cm tief einritzen und den Braten ringsum mit Salz und Pfeffer würzen.
- Butterschmalz im Bräter erhitzen, den Schweinebraten auf beiden Seiten etwa 5 Min. anbraten und herausnehmen.
- Das geputzte Suppengemüse grob hacken und zusammen mit der Zwiebel im Bräter anrösten. Tomatenmark und Mehl dazugeben, umrühren, Brühe angießen und kurz aufkochen lassen.
- Lorbeerblätter, Thymianzweige, Wacholderbeeren und Pfefferkörner dazugeben.
- Den Braten mit der Schwarte nach oben in den Bräter geben, zugedeckt im Ofen bei 150 °C (Umluft 130 °C) etwa 90 Min. schmoren lassen.
- Die Schwarte anschließend mit Honig einstreichen und ohne Deckel bei 220 °C (Umluft 200 °C) in 10–15 Min. knusprig braun braten. Dabei die Schwarte beobachten, damit sie nicht anbrennt.
- Den Braten herausnehmen, dick in Alufolie einwickeln und im ausgeschalteten Ofen etwa 5–10 Min. ruhen lassen.
- Die Sauce durch ein Sieb geben und mit Salz und Pfeffer abschmecken.
- Für den Krautsalat die äußeren Blätter des Weißkohls entfernen, in vier Teile schneiden und in feine Streifen hobeln. In einer Schüssel mit der Zwiebel vermischen, Salz darüberstreuen und mit den Händen gut durchkneten.
- Butterschmalz in einer Pfanne erhitzen, das Krautgemisch hineingeben, schwenken und mit der heißen Fleischbrühe ablöschen. Vom Feuer nehmen und durchziehen lassen.
- Essig, Öl, Kümmel und Zucker zu einer Sauce verrühren. Mit Salz und Pfeffer pikant abschmecken und über den Krautsalat geben. Gut durchmischen und mind. 60 Min. zugedeckt ziehen lassen.
- Den Krustenbraten mit heißer Sauce und Weißkrautsalat servieren.

Gefüllte Auberginen und Paprikaschoten

Ergibt 4 Portionen

2	mittelgroße Auberginen
4	kleine Paprikaschoten
1	kleine Zwiebel, fein gehackt
1	Brötchen, in Wasser eingeweicht
250 g	gemischtes Hackfleisch
1	verquirltes Ei
	Salz
	Schwarzer Pfeffer aus der Mühle
40 g	Butter
500 ml	heißes Wasser
3 EL	Tomatenmark
1 TL	Speisestärke
	Salz und Pfeffer
	1 Prise Zucker
	Evtl. Zahnstocher

- Auberginen waschen, halbieren und das Innere mit einem Teelöffel herausschaben, ohne dass die Haut verletzt wird. Auberginenmark fein hacken und beiseitestellen.
- Am Stielende der Paprikaschoten einen Deckel abschneiden, Schoten aushöhlen, waschen und trockentupfen.
- Gehackte Zwiebel in eine Schüssel geben. Ausgedrücktes Brötchen, gehacktes Auberginenmark, Hackfleisch und das verquirlte Ei dazugeben. Mit Salz und Pfeffer würzen. Den Fleischteig gut vermengen und nochmals kräftig abschmecken.
- Den Fleischteig flach in die Auberginenhälften und Paprikaschoten füllen und bei den Paprika den Deckel wieder aufsetzen. Evtl. jeweils mit einem Zahnstocher befestigen.

Essen ist fertig

- Butter in einem großen, flachen Topf erhitzen, Auberginen-hälften und Paprikaschoten hineingeben, heißes Wasser angießen und etwa 30 Min. bei geringer Hitze schmoren.
- Auberginenhälften und Paprikaschoten mit einem Schaumlöffel aus dem Topf nehmen und warmstellen.
- Den Fond im Topf mit Tomatenmark aufkochen, Speisestärke mit etwas kaltem Wasser anrühren, dazugeben und umrühren, bis die Sauce gebunden ist. Mit Salz, Pfeffer und einer Prise Zucker abschmecken.
- Die gefüllten Auberginen und Paprikaschoten mit der heißen Sauce übergießen und servieren.

Essen ist fertig

Rösti mit Kalbs-Geschnetzeltem

Ergibt 4 Portionen

Für die Rösti

1 kg	schwach mehlige, gekochte Pellkartoffeln vom Vortag
	Meersalz
50 g	Butterschmalz

Für das Geschnetzelte

600 g	Kalbfleisch, geschnetzelt
½ TL	Meersalz
	weißer Pfeffer aus der Mühle
1 EL	Mehl
40 g	Butter

Für die Sauce

1 EL	Butter
½	Zwiebel, gehackt
200 g	frische Champignons, in feinen Scheiben
1 TL	Zitronensaft
100 ml	gute Bouillon
200 ml	Sahne
1 EL	Kartoffelmehl
	Meersalz
	Pfeffer aus der Mühle
1 Bd.	Petersilie, fein gehackt

- Für die Rösti Pellkartoffeln schälen, grob raspeln und salzen.
- Die Hälfte Butterschmalz in einer (beschichteten) Pfanne zerlassen. Die geraspelten Kartoffeln hineingeben und bei milder Hitze in etwa 25 Min. braun rösten, dabei nicht wenden.
- Rösti auf einen Teller gleiten lassen. Restliches Butterschmalz in der Pfanne zerlassen und die zweite Seite ebenfalls bei geringer Hitze in etwa 25 Min. krossbraten. Auf eine vorgewärmte Platte geben, sofort servieren, oder bei 60 °C im vorgeheizten Backofen (bis zu 2 Std.) warmstellen.
- Das geschnetzelte Kalbfleisch mit Salz und Pfeffer würzen und das Mehl daruntergeben. Butter in der Pfanne erhitzen und das Geschnetzelte darin portionsweise kurz anbraten und in einer feuerfesten Form in den auf 60 °C vorgewärmten Backofen geben.

- Für die Sauce Butter in der Pfanne zerlassen, Zwiebel hineingeben und andämpfen. Champignons und Zitronensaft dazugeben und bei milder Hitze mitdämpfen. Bouillon angießen
  und auf die Hälfte einkochen lassen. Sahne und Kartoffelmehl
  verrühren und zur Sauce geben. Kurz aufkochen lassen, Ge-
  schnetzeltes dazugeben und evtl. nochmals erwärmen. Mit Salz
  und Pfeffer abschmecken und die Petersilie dazugeben.
- Rösti mit Geschnetzeltem warm servieren!

KÜCHEN-TIPP
Rösti schmecken auch mit geriebenem Käse, gerösteten Speckwürfel-
chen oder Spiegeleiern köstlich.

Essen ist fertig

Sonntagsbrunch

Brunch ist noch immer die praktische Form des in fröhlicher Runde schmausend verbrachten Sonntags.

Frenchtoast mit Ahornsirup

Ergibt 8 Toasts

2	Eier
250 ml	Milch
1 Päck.	Bourbon-Vanillezucker
½ TL	Zimt
8	dicke Scheiben Vollkorn-Toast (siehe Rezept Seite 12)
2 EL	Butter
	Ahornsirup

- In einer flachen Schüssel Eier, Milch, Vanillezucker und Zimt gut verrühren.
- Toastscheiben jeweils einzeln eintauchen und die Eiermilch etwas einziehen lassen.
- Butter in einer Pfanne zerlassen und die Toastscheiben in 1–2 Min. darin beidseitig nacheinander goldgelb rösten. Warmstellen, bis alle Toasts gebacken sind.
- Frenchtoast mit Ahornsirup beträufeln und heiß servieren.

Essen ist fertig

# ✗ Gefüllte Quarkbrötchen

Ergibt 8 Brötchen

Für die Brötchen

125 g	Magerquark
2 EL	Sonnenblumenöl
1	Ei
½ TL	Salz
250 g	Mehl (z. B. Typ 550)
½ TL	Backpulver
2 EL	Milch
4 EL	Sonnenblumenkerne

Für die Füllung

60 g	Butter
120 g	Bacon, in Streifen
2	mittelgroße Zwiebeln, gewürfelt
2	rote Paprikaschoten, gewürfelt
300 g	Hackfleisch vom Rind
	Salz und Pfeffer
2 TL	frische Thymianblättchen
2 EL	frisches Basilikum, gehackt
250 g	abgetropfter Mozzarella, in Scheiben

- ↻ Quark mit Öl, Ei und Salz glatt verrühren.
- ↻ Mehl und Backpulver mischen und gut unter den Quark kneten. Falls der Quark-Teig zu trocken ist, noch etwas Milch dazugeben.
- ↻ Den Teig zu einer Rolle formen, in 8 gleiche Stücke teilen und etwa 15 Min. ruhen lassen.
- ↻ Teigstücke zu Kugeln rollen, flachdrücken, auf ein mit Backpapier belegtes Backblech legen, mit Milch bepinseln und Sonnenblumenkernen bestreuen.
- ↻ Den Backofen auf 180 °C vorheizen (Umluft 160 °C) und die Brötchen auf mittlerer Schiene in etwa 20 Min. goldbraun backen.
- ↻ Quarkbrötchen herausnehmen und auf einem Kuchengitter auskühlen lassen.
- ↻ Von den ausgekühlten Brötchen jeweils die Deckel abschneiden und das Innere aushöhlen. Deckel kleinschneiden und Inneres fein zerpflücken. Die Hälfte der Butter in einer Pfanne zerlassen, Brötchenstücke darin anrösten und in eine Schüssel geben.
- ↻ Baconscheiben in einer Pfanne ohne Fett kross anbraten, aus der Pfanne nehmen und auf Küchenkrepp abtropfen lassen.
- ↻ Restliche Butter zerlassen, Zwiebel- und Paprikawürfel darin anbraten, Hackfleisch dazugeben und etwa 5 Min. mitbraten. Mit Salz, Pfeffer, Thymian und Basilikum kräftig würzen.
- ↻ Die angebratenen Brötchenstücke unter die Fleischmasse geben und die Brötchen damit füllen. Mit Bacon- und Mozzarella-Scheiben garnieren.

KÜCHEN-TIPP

Die gefüllten Brötchen können auch überbacken werden.
Dazu den Backofen auf 220 °C (Umluft 200 °C) vorheizen und die
Brötchen auf mittlerer Schiene etwa 12–15 Min. überbacken.

Essen ist fertig

Mittags

*Nach Kindergarten und Schule brauchen Kinder
Leckerbissen, die es in sich haben.*

X Würstchen mit Gurken-Kartoffelsalat

Ergibt 4 Portionen

Für den Gurken-Kartoffelsalat
- 1 kg bissfest gekochte Kartoffeln, gepellt
- 2 mittelgroße Zwiebeln, fein gehackt

Für die Marinade
- 1 TL Weinessig, 10 %
- 50 ml Pflanzenöl
- Salz und Pfeffer, frisch gemahlen
- 125 ml warme Fleischbrühe

- 1 mittelgroße Bio-Salatgurke, geschält

- 8 frische Frankfurter Würstchen

- Kartoffeln halbieren, mit dem Gemüsehobel in dünne Scheiben schneiden und mit den Zwiebeln in eine große Schüssel geben.
- Aus Essig, Öl, Salz und Pfeffer und der warmen Fleischbrühe eine Marinade rühren und über die Kartoffeln geben.
- Kartoffelsalat vorsichtig wenden und 1–2 Std. zugedeckt (nicht im Kühlschrank) ziehen lassen.
- Salatgurke fein hobeln und kurz vor dem Servieren unter den Kartoffelsalat heben.
- Würstchen etwa 10 Min. in heißem Wasser ziehen lassen und zusammen mit dem Gurken-Kartoffelsalat servieren.

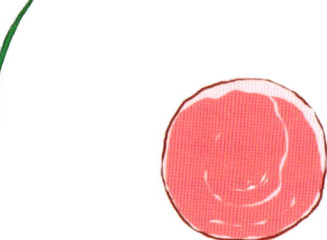

Strammer Max

Ergibt 4 Portionen

4 Scheiben	kräftiges Bauernbrot
20 g	Butter
100 g	gekochter Schinken, in Scheiben
4	Eier
2	Fleischtomaten, in Scheiben
1	Zwiebel, in Ringe geschnitten
	Salz und Pfeffer
	Paprika, edelsüß
1 EL	frische Petersilie, gehackt
1 EL	frischer Schnittlauch

- Bauernbrotscheiben im Toaster oder unter dem Grill rösten.
- Butter in einer beschichteten Pfanne zerlassen und den gekochten Schinken von beiden Seiten bei geringer Hitze kurz anrösten. Aus der Pfanne nehmen und auf die gerösteten Brotscheiben legen.
- Eier nacheinander im Bratfett zu Spiegeleiern braten und mit dem Pfannenwender auf den Schinken legen.
- Tomatenscheiben auf die Spiegeleier legen. Zwiebelringe darauflegen, mit Salz, Pfeffer und Paprika würzen.
- Strammen Max auf Tellern anrichten, Petersilie und Schnittlauch darüberstreuen und servieren.

KÜCHEN-TIPP

Strammer Max lässt sich auch mit Schnitzeln anrichten. Dazu anstelle des Schinkens gebratene, dünne Schnitzel verwenden.

XGebratene Schupfnudeln

Ergibt 4 Portionen

750 g	gekochte, mehlige Pellkartoffeln vom Vortag
3	mittelgroße Eier
	Salz
	geriebene Muskatnuss
ca. 250 g	Mehl
40 g	Butter

- Kartoffeln durch die Kartoffelpresse drücken und in eine Schüssel geben.
- Eier auf die Kartoffelmasse geben und mit Salz und Muskatnuss würzen.
- Nach und nach so viel Mehl hineinkneten, bis die Masse zu einem glatten Teig geworden ist.
- Etwas Mehl auf die Arbeitsfläche geben und aus dem Teig mit bemehlten Händen eine ca. 4 cm dicke Rolle formen.
- Rolle in etwa 1 cm dicke Scheiben schneiden und mit den Händen daraus fingerdicke und daumenlange Röllchen formen (schupfen).
- In einem großen Topf 3–4 l Wasser aufkochen, salzen und die Schupfnudeln rasch hintereinander hineingeben.
- Hitze reduzieren und die Schupfnudeln etwa 5 Min. sieden lassen.
- Sowie sie an die Oberfläche steigen, mit einer Schaumkelle aus dem Wasser nehmen, abtropfen und erkalten lassen.
- Butter in einer großen Pfanne zerlassen und die Schupfnudeln darin goldgelb anbraten.
- Gebratene Schupfnudeln heiß servieren.

KÜCHEN-TIPP
Zu Schupfnudeln passen Blatt- und Gurkensalat.

Essen ist fertig

✕ Käsespätzle

Ergibt 4 Portionen

500 g	Mehl (z. B. Pasta- und Spätzlemehl)
3	Eier
2 TL	Salz
	Wasser
2 EL	Butter
100 g	Emmentaler, gerieben
2	mittelgroße Zwiebeln, in Ringen

- ❂ Mehl, Eier und Salz verrühren und so viel Wasser hinzugeben, bis ein fester, glatter Teig entsteht.
- ❂ Den Teig in mehreren Portionen rasch durch den Spätzlesepp oder ein großlöchriges Sieb in reichlich kochendes Salzwasser geben. Wasser nochmals aufkochen lassen und die Spätzle mit der Schaumkelle herausnehmen, abtropfen und warmstellen.
- ❂ 1 EL Butter in einer feuerfesten Form zerlassen und abwechselnd Spätzle und Käse einschichten. Warmstellen (Backofen bei 60 °C).
- ❂ In einer Pfanne 1 EL Butter zerlassen und die Zwiebelringe darin braun rösten und über die Spätzle geben.
- ❂ Käsespätzle mit den Zwiebelringen garnieren und sehr heiß servieren.

KÜCHEN-TIPP

Dazu schmecken am besten frische Salate: wie Kopf-, Endivien- oder Rucolasalat.

Hamburger deluxe

Ergibt 4 Hamburger

600 g	Rinderhackfleisch
2	mittelgroße Zwiebeln, gehackt und angeröstet
2	verquirlte Eier
	Meersalz
	Pfeffer aus der Mühle
	Pflanzenöl
4	runde (Vollkorn-)Brötchen
4	große Salatblätter, gewaschen
1	geschälte Zwiebel, in Ringen
je 4 EL	Mayonnaise und Tomatenketchup (siehe Rezepte Seite 27 und 60)
je 8	dünne Tomaten- und Gurkenscheiben

- Hackfleisch in eine Schüssel geben, mit gerösteten Zwiebeln und verquirlten Eiern zu einem Teig kneten. Mit Salz und Pfeffer würzen.
- Aus dem Fleischteig vier Klopse formen, flachdrücken und mit Öl bestreichen. Unter dem heißen Grill bei 220 °C von beiden Seiten jeweils etwa 3 Min. garen.
- Brötchen aufschneiden und die Hälften in einer beschichteten Pfanne leicht von allen Seiten anrösten.
- Salatblätter trockentupfen und jeweils ein Salatblatt auf die Unterseiten der Brötchen legen. Fleischklopse draufgeben.
- Brötchendeckel mit Mayonnaise und Tomatenketchup bestreichen und mit Tomaten- und Gurkenscheiben belegen. Brötchen zuklappen.
- Die Hamburger deluxe sofort servieren.

Essen ist fertig

Abendessen

Wenn die Familie abends gemeinsam isst,
sind Klassiker immer willkommen.

Kartoffelpuffer mit Apfelmus
Ergibt 4 Portionen

Für das Apfelmus

1 kg	Äpfel
1 Stück	ungespritzte Zitronenschale
60 g	Zucker
Saft v.	1 Zitrone

Für die Puffer

1½ kg	Kartoffeln, geschält
2	Zwiebeln, geschält
3	Eier
	Meersalz
125 ml	Pflanzenöl

- Für das Apfelmus die Äpfel waschen, vierteln, Kerngehäuse entfernen und achteln. Zusammen mit der Zitronenschale in einen Topf geben und die Äpfel knapp mit Wasser bedecken.
- Äpfel zugedeckt bei geringer Hitze weich kochen, durch ein Sieb streichen und die Hälfte des Zuckers in den noch heißen Brei einrühren.
- Nach dem Erkalten restlichen Zucker zugeben und mit Zitronensaft abschmecken.
- Für die Puffer die Kartoffeln und Zwiebeln mit der Küchenmaschine (feine Reibe) oder von Hand in eine Schüssel reiben. Eier dazugeben, salzen und gut verrühren.
- Öl portionsweise in einer Pfanne erhitzen. Den Teig löffelweise hineingeben und zu glatten, möglicht dünnen Fladen verstreichen.
- Puffer auf beiden Seiten jeweils in etwa 3 Min. knusprig backen, herausnehmen, auf Küchenkrepp abtropfen und warmstellen. Fortfahren bis aller Teig verbraucht ist.
- Puffer mit dem erkalteten Apfelmus servieren.

TIPP
Zu Kartoffelpuffern passt auch Frankfurter Grüne Sauce (Rezept Seite 26) oder Kräuterquark mit Avocados (Rezept Seite 48).

Essen ist fertig

Omeletts mit Speckböhnchen

Ergibt 4 Portionen

150 ml Milch
150 ml Wasser
     4 Eier
150 g (Vollkorn-)Weizenmehl
½ TL Salz

Für die Speckböhnchen
         etwas Öl
150 g Schinkenspeck, gewürfelt
250 g TK-Prinzess-Bohnen

         Öl zum Ausbacken

- Für die Omeletts Milch und Wasser mischen und mit Eiern, Mehl und Salz zu einem glatten Teig verrühren. 30 Min. ruhen lassen.
- In der Zwischenzeit etwas Öl in eine (beschichtete) Pfanne geben und die Schinkenwürfel anrösten.
- Bohnen dazugeben und bei geringer Hitze etwa 10 Min. unter Rühren garen, in eine Schüssel geben und zugedeckt warmstellen.
- In derselben Pfanne jeweils 1 TL Öl heiß werden lassen und portionsweise den Teig unter Wenden zu einem Omelett backen und auf einen Teller geben.
- Omeletts mit den warmen Speckböhnchen füllen, zusammenklappen und servieren.

KÜCHEN-TIPP
In die Omeletts lassen sich auch Würstchen, Kräuterquark oder Hüttenkäse wickeln. Sie lassen sich auch süß mit Aprikosen- oder Erdbeerkonfitüre füllen.

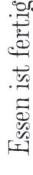

Vollkornbrot – Homemade[H]

Für eine 25-cm-Brotbackform

500 g	Dinkel-Vollkornmehl
1 Beutel	Trockenhefe
150 ml	lauwarmes Wasser
1 TL	Honig oder Zucker
150 g	Sonnenblumenkerne
1 TL	feines Meersalz
500 g	Magerquark

Wasser zum Bestreichen und für den Backofen

Butter für die Form

- ☻ Aus allen Zutaten in der Küchenmaschine einen glatten Teig kneten. Den Teig mit Mehl bestäuben und zugedeckt an einem warmen Ort etwa 40 Min. gehen lassen, bis er sich sichtbar vergrößert hat.
- ☻ Den Teig aus der Schüssel nehmen, nochmals kurz durchkneten und zu einer Rolle formen. Rolle in die gefettete Backform geben und zugedeckt nochmals 30 Min. gehen lassen.
- ☻ Brot mit lauwarmem Wasser bestreichen.
- ☻ Die Form in den auf 200 °C (Umluft 180 °C) vorgeheizten Backofen geben und eine feuerfeste Schale kochendes Wasser mit in den Backofen geben. Auf mittlerer Schiene etwa 60 Min. backen.

KÜCHEN-TIPP

Anstelle von Sonnenblumenkernen lassen sich auch jeweils 150 g Mandeln, Nüsse, Speckwürfel oder geriebener Emmentaler mitbacken. Auf das frische Vollkornbrot passen Kräuterquark oder auch kalte Wiener Schnitzelchen.

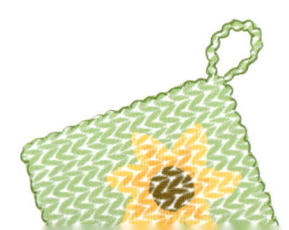

Griesbrei mit Himbeersauce

Ergibt 4 Portionen

1 l	Milch
2 EL	Butter
1 Prise	Salz
	abgeriebene Schale 1 ungespritzten Zitrone
125 g	Grieß

Für die Himbeersauce

250 g	Himbeeren, frisch oder aufgetaut
30 g	Puderzucker

- Milch, Butter, Salz und Zitronenschale in einem Topf und unter Rühren zum Kochen bringen. Grieß hineinstreuen und bei milder Hitze in etwa 12–15 Min. ausquellen lassen.
- Himbeeren in eine Schüssel geben. Puderzucker untermischen und mit dem Pürierstab oder im Mixer fein pürieren.
- Griesbrei warm oder kalt mit Himbeersauce servieren.

Abendbrot – mal anders

Bleibt die Küche abends kalt, wird das Abendbrot
energiesparend zubereitet. Dafür schmeckt es besonders
gut und der Nachschlag braucht nicht
aufgewärmt zu werden.

✗ Kräuterquark mit Avocados
Ergibt 4 Portionen

250 g	Quark
3–4 EL	Sahne
½ TL	feines Meersalz
½ TL	Zitronensaft
3–4 EL	frische Kräuter, gehackt (z. B. Schnittlauch, Petersilie, Basilikum)
	Fruchtfleisch von 2 Avocados, gewürfelt

- Den Quark durch ein Sieb in eine Schüssel geben und mit der Sahne vermischen. Mit Salz und Zitronensaft abschmecken und rühren, bis er schaumig ist.
- Kräuter und Avocadowürfel unterheben und kalt stellen.
- Den Kräuterquark mit Avocados kalt servieren.

KÜCHEN-TIPP
Kräuterquark lässt sich auch mit geriebener Zwiebel, Radieschen-Würfeln, gehackten Krabben oder Schinkenresten verfeinern. Er schmeckt am besten auf Vollkorn- oder Knäckebrot oder zu gebackenen Omeletts.

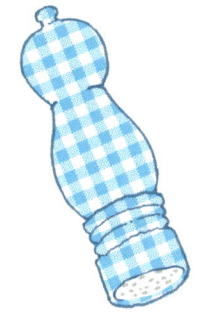

Gefüllte Tomaten

Ergibt 4 Portionen

4	große, feste Tomaten
4–5 TL	Mayonnaise
	feines Meersalz
	gemahlener weißer Pfeffer
1–2 TL	Essig
2	hartgekochte Eier, gewürfelt
50 g	Emmentaler Käse, gewürfelt
150 g	Hüttenkäse
2 TL	gehackte Petersilie

- Die Deckel der Tomaten mit einem scharfen Messer abschneiden.
- Tomaten mit einem scharfkantigem Teelöffel aushöhlen und zum Abtropfen auf den Kopf stellen.
- Die festen Teile des Fruchtfleischs in kleine Stückchen schneiden.
- Mayonnaise in eine Schüssel geben. Mit Salz, Pfeffer und Essig verrühren.
- Fruchtfleisch, Eier- und Käsewürfel, Hüttenkäse und Petersilie dazugeben und nochmals mit Salz und Pfeffer abschmecken.
- Die Füllung in die Tomaten geben und die Deckel aufsetzen.

TIPP
Zu gefüllten Tomaten schmecken grüne Salate, z. B. Rucola- oder Romanasalat, köstlich.

Nachtisch!

Ein leckeres Dessert: Davon schwärmen nicht nur Kinder!
Am besten, man bereitet die Desserts vor, damit sie
schön kalt aus dem Kühlschrank kommen.

⅄Zauberquark mit Himbeeren

Ergibt 4 Portionen

200–300 g	weiße Baisers (Feinkostgeschäft oder Bäcker)
500 g	TK-Himbeeren
300 ml	Sahne
300 g	(türkischer) Joghurt (10 %)

Für die Dekoration

1 Handvoll Himbeeren

- ⊙ Alle Baisers mit der Hand grob zerkrümeln. Mit etwa 3 EL davon den Boden einer hohen Glasschüssel bedecken.
- ⊙ Sahne steifschlagen, Joghurt dazugeben und verrühren.
- ⊙ Ein paar gefrorene Himbeeren locker auf dem Baiserboden der Schüssel verteilen und mit Joghurt-Sahne bedecken. Mit Baiserbröseln bestreuen, wieder Himbeeren und danach Joghurt-Sahne darauf verteilen.
- ⊙ Mit dem Wechsel von Baiserbröseln, gefrorenen Himbeeren und Joghurt-Sahne so lange fortfahren, bis alle Zutaten verbraucht sind. Mit einer Schicht Joghurt-Sahne abschließen und einige gefrorene Himbeeren zur Dekoration darauflegen.
- ⊙ Schüssel etwa 5 Std. in den Kühlschrank stellen, bis die Himbeeren aufgetaut sind.
- ⊙ Den Zauberquark aus dem Kühlschrank nehmen und eiskalt servieren.

✗ Schokopudding

Ergibt 4 Portionen

500 ml	Milch
2 EL	Speisestärke
100 g	Zartbitterschokolade (60 %), grob gehackt
1 EL	Kakaopulver ohne Zucker
125 ml	Sahne
1 EL	Bourbon-Vanillezucker

- Von der Milch 3 EL abnehmen und mit Speisestärke glatt verrühren.
- Restliche Milch im Topf bei geringer Hitze erwärmen und die Schokolade darin schmelzen. Kakao unterrühren und aufkochen lassen. Hitze reduzieren und die Speisestärke mit dem Schneebesen unterrühren. Nochmals kurz aufkochen und vom Feuer nehmen.
- Den Schokoladenpudding in vier kalt ausgespülte Schälchen füllen und kalt stellen.
- Sahne schlagen und Vanillezucker unterrühren.
- Den Schokopudding mit Schlagsahne kalt servieren.

Essen ist fertig

51

Blitzgerichte

Wenn es mal richtig eng wird mit der Kocherei, gilt die Devise:
Kleiner Aufwand, kein Schnickschnack und
kühlen Kopf bewahren!

Kartoffelbrei mit Spiegelei

Ergibt 4 Portionen

Für den Kartoffelbrei

1 kg	mehlige Kartoffeln, geschält und halbiert
	Salz und Pfeffer
50 g	Butter
250 ml	heiße Milch
	gemahlene Muskatnuss

Für die Spiegeleier

30 g	Butter
4	frische Bio-Eier
	feines Meersalz

- Für den Kartoffelbrei Kartoffeln in Salzwasser garen.
- Die heißen Kartoffeln durch die Kartoffelpresse drücken, Butter und nur so viel heiße Milch angießen, bis der Brei schwer vom Löffel fällt.
- Topf wieder aufs Feuer setzen und den Kartoffelbrei so lange schaumig schlagen, bis er eine weiße Farbe hat. Mit Salz, Pfeffer und gemahlener Muskatnuss würzen und warmstellen.
- Für die Spiegeleier Butter in einer Pfanne heiß werden lassen. Eier vorsichtig aufschlagen und nebeneinander in die Pfanne gleiten lassen.
- Eiweiß mit feinem Meersalz bestreuen und bei geringer Hitze in etwa 3–4 Min. stocken lassen.
- Den Kartoffelbrei zusammen mit den Spiegeleiern warm servieren.

✗ Toast Hawaii

Ergibt 4–8 Portionen

8 Scheiben	Vollkorn-Toast (siehe Rezept Seite 12)
60 g	Butter
8 Scheiben	gekochter Schinken
8 Scheiben	Ananas, frisch oder aus der Dose
8 Scheiben	Emmentaler Käse

Zum Garnieren

8 große Salatblätter
8 Sauerkirschen aus dem Glas

- Vollkorn-Toasts in der Pfanne oder im Toaster rösten.
- Leicht auskühlen lassen und mit Butter bestreichen.
- Toasts nacheinander mit gekochtem Schinken, Ananasscheiben und Emmentaler Käse belegen.
- Ein Backblech mit Alufolie auslegen, Toast darauf verteilen und auf mittlerer Schiene in den auf 210 °C (Umluft 190 °C) vorgeheizten Backofen geben.
- Toasts etwa 10 Min. überbacken.
- Salatblätter waschen, trockentupfen und auf Teller legen. Toasts aus dem Ofen nehmen, auf den Salatblättern verteilen und jeweils mit einer Kirsche belegen.
- Toast Hawaii heiß servieren.

KÜCHEN-TIPP
Die Toastbrote lassen sich auch mit kaltem Huhn oder Braten anstelle von Schinkenscheiben belegen.

Essen ist fertig

54

✗ Würstchengulasch

Ergibt 4 Portionen

4 Scheiben	Fleischkäse (400 g)
4	Wiener Würstchen
2 EL	Öl
150 g	kleine Champignons, halbiert
2	mittelgroße Zwiebeln, gehackt
10	frische Salbeiblätter, kleingezupft
1 TL	Mehl
1 Dose	geschälte Tomaten (400 g)
1 TL	frische Rosmarinnadeln
1 TL	frische Basilikumblätter, gehackt
	Salz und Pfeffer

- ❂ Fleischkäse in Streifen schneiden, Würstchen pellen und in 1 cm dicke Stücke schneiden.
- ❂ Öl in einer großen Pfanne erhitzen, Fleischkäse, Würstchen und Pilze hineingeben und etwa 3–5 Min. anbraten.
- ❂ Zwiebeln und Salbei dazugeben und 3–4 Min. weiterbraten.
- ❂ Mehl einstreuen und gut vermischen.
- ❂ Tomaten und Kräuter dazugeben, mit Salz und Pfeffer abschmecken und 5 Min. köcheln lassen.
- ❂ Das Würstchengulasch heiß servieren.

KÜCHEN-TIPP

Dazu passen Reis, Kartoffelbrei, Rösti oder auch Pommes.

Lieblingsessen

Essen macht Spaß! Wenn Kinder mitbestimmen dürfen, was auf die Teller kommt, sind sie begeisterte Helfer in der Küche. Doch jeden Tag Spaghetti mit Tomatensauce? Das muss nicht sein. Zu den Rennern nach der Schule gehören auch Reisgerichte, Hühnchen-Nuggets oder saftige Frikadellen, die selbst gemacht am allerbesten schmecken. Auch für Suppen sind die Kleinen zu begeistern, wenn darin z. B. Maultaschen schwimmen.

Einmal kochen, zweimal essen: das gefällt vor allem Eltern gut, die sich ihre Zeit einteilen müssen. Schlaue Mütter haben immer auch eine leckere Idee für Reste, die tags drauf nochmal so gut schmecken.

Gemüse ist vielfältig und schmeckt zu allen Mahlzeiten wunderbar! Begeistern lassen sich kleine Schlemmermäuler von grünen Erbsen und Karotten. Die gelben Rüben munden auch in der Süßvariante bestens, wie z. B. im klassischen Möhrenkuchen.

Kinder brauchen Süßes. Deswegen packen schlaue Mütter und Väter wertvolle Nährstoffe in die Nachspeisen, die z. B. in traditionellen Apfelküchlein, Armen Rittern, im Quarkauflauf mit Kirschen oder im saftigen Marmorkuchen stecken und die Nachmittage zuhause versüßen.

Mittag

Vor allem gesund – so wünschen sich Eltern die Kinderkost.
Die Kleinen haben dagegen vor allem »schmackofatz«
im Sinn und mögen nach der Schule schlichte, leckere
und einfache Gerichte, die satt machen.

Nudelpfanne mit Schinken

Ergibt 4 Portionen

500 g	Bandnudeln
	Salz
200 g	Kochschinken, in Scheiben
60 g	Butter
5	Eigelb
100 g	geriebener Emmentaler

- 4 l Wasser in einem großen Topf zum Kochen bringen. Salzen, Nudeln dazugeben und bei starker Hitze bissfest garen.
- In der Zwischenzeit vom Kochschinken die Fettränder entfernen und in Streifen schneiden.
- Butter in einer Pfanne zerlassen und die Schinkenstreifen darin etwa 3 Min. rundherum anbraten.
- Eigelb in einer kleinen Schüssel verrühren und zum Schinken geben. Stocken lassen.
- Nudeln abgießen und abtropfen lassen.
- Nudeln mit der Schinken-Eigelb-Masse vermischen.
- Nudelpfanne mit Schinken in eine vorgewärmte Schüssel geben, mit Emmentaler bestreuen und sofort servieren.

KÜCHEN-TIPP
Am besten schmeckt Kopfsalat dazu – mit Essig, Öl und Sahne angemacht.

Risi Bisi

Ergibt 4 Portionen

50 g	Butter
1	Zwiebel, gehackt
250 g	Rundkorn- oder Milchreis
500 ml	Hühnerbrühe
300 g	Erbsen, tiefgekühlt
	feines Meersalz
	gemahlener weißer Pfeffer
25 g	geriebener Parmesan
50 g	geriebener Emmentaler Käse

- Butter in einem Topf erhitzen. Gehackte Zwiebel darin etwa 2 Min. glasig werden lassen.
- Reis dazugeben und unter Rühren 5 Min. mit anbraten. Die heiße Hühnerbrühe angießen. Tiefgekühlte Erbsen dazugeben und erwärmen.
- Mit Salz und Pfeffer abschmecken. Zugedeckt bei schwacher Hitze etwa 20 Min. garen. Risi Bisi mit einer Gabel lockern. Parmesan und Emmentaler Käse unterheben.
- Risi Bisi in einer vorgewärmten Schüssel servieren.

RESTE-TIPP

Risi Bisi schmeckt auch anderntags lecker. Dazu den Risi-Bisi-Rest mit einem verquirlten Ei vermengen und flache »Puffer« daraus formen. In der Pfanne in etwas Butter auf beiden Seiten knusprig braten.

Pommes frites & Ketchup, selbst gemacht

Ergibt 4 Portionen

Für das Ketchup

500 g	Tomaten
1	Knoblauchzehe, geschält
1	kleine Zwiebel, gehackt
1 TL	Gemüsebrühe (Reformhaus)
20 ml	Apfelessig
1 EL	Zucker
	feines Meersalz und Pfeffer aus der Mühle

Für die Pommes frites

1 kg	neue, festkochende Bio-Kartoffeln
1–2 l	Speiseöl oder 750 g Kokosfett zum Ausbacken
	Salz

- ☺ Für das Tomaten-Ketchup die Tomaten mit kochendem Wasser übergießen, die Haut abziehen und den Stielansatz entfernen.
- ☺ Die gehäuteten Tomaten vierteln, im Mixer pürieren und in einem Topf etwa 10 Min. unter gelegentlichem Umrühren köcheln lassen.
- ☺ Knoblauchzehe und gehackte Zwiebel pürieren, zusammen mit der Gemüsebrühe, Essig und Zucker aufkochen und mit Salz und Pfeffer würzen.
- ☺ Zum Tomatenpüree geben und etwa 60 Min. bei schwacher Hitze einkochen lassen. Immer wieder umrühren und – falls notwendig – mit Salz und Pfeffer abschmecken. Abkühlen lassen.
- ☺ Fertiges Tomaten-Ketchup in einen kleine Glasflasche geben und im Kühlschrank kalt werden lassen.

- Für die Pommes die Kartoffeln waschen und schälen und mit dem Pommes-frites-Schneider stifteln oder mit der Hand in Stifte (3–4 cm lang, 1 cm dick) schneiden.
- Öl oder Kokosfett in einem schweren Topf (oder in der Friteuse) geben und auf 180 °C erhitzen.
- Kartoffeln in 4 Portionen teilen und jede Portion einzeln etwa 2–3 Min. im Fett hellgelb werden lassen.
- Mit einem Schaumlöffel herausnehmen, Pommes auf Küchenkrepp abtropfen lassen, oder den Korb der Friteuse hochstellen.
- Danach wieder portionsweise ins heiße Fett geben und in 6–8 Min. fertigbräunen.
- Pommes aus dem Fett nehmen, abtropfen lassen, salzen und in einer vorgewärmten Schüssel warm halten, bis alle Kartoffeln frittiert sind.
- Heiße Pommes mit kaltem Ketchup servieren.

KÜCHEN-TIPP

Pommes frites lassen sich auch von neuen Kartoffeln mit Schale frittieren; das schmeckt besonders gut! Das Vorfrittieren kann man gut im Voraus erledigen; das eigentliche Garen sollten Sie erst kurz vorm Servieren machen. Tomaten-Ketchup lässt sich geschmacklich variieren durch Zugabe von frisch geriebenem Ingwer, Currypulver und Cayennepfeffer. Es hält sich etwa 2 Wochen im Kühlschrank.

Lieblingsessen

Spinatspatzen

Ergibt 4 Portionen

200 g	TK-Blattspinat
400 g	Mehl (Type 405) oder Spätzlemehl
4	mittelgroße Eier
1	Prise geriebene Muskatnuss
	Salz
2 EL	Butter

Spätzlebrett oder Spätzlesepp

- Spinat auftauen, gut ausdrücken und sehr fein hacken.
- Das Mehl in eine Schüssel sieben, nach und nach die Eier einzeln untermischen und gut verrühren.
- Spinat und geriebene Muskatnuss zugeben und so lange rühren, bis der Teig Blasen wirft.
- 4 l Wasser aufkochen lassen und salzen. Spätzlebrett wässern und den Teig portionsweise in das siedende Wasser schaben oder den Teig durch die Spätzlepresse drücken.
- Die Spinatspatzen sind gar, wenn sie oben schwimmen. Mit der Schaumkelle abheben, abtropfen lassen und in eine vorgewärmte Schüssel geben.
- Immer wieder etwas Butter zu den Spinatspatzen geben und vorsichtig umrühren.
- Spinatspatzen bis zum Servieren in einer Schüssel warmstellen.

RESTE-TIPP

Spinatspatzen lassen sich aufbraten oder in einer gefetteten Auflaufform
– mit Käse bestreut oder gebratenen Champignonscheiben gemischt –
bei 200 °C (Umluft 180 °C) in ca. 10 Min. überbacken.

Fischstäbchen selbst gemacht mit grünen Erbsen

Ergibt 4 Portionen

700 g	Seelachsfilet
	Meersalz
	Pfeffer aus der Mühle
3 EL	Mehl
2	Eier, verquirlt
100 g	möglichst zuckerarme Cornflakes, im Mixer zerkleinert
	Butter zum Braten

500 g	TK-Erbsen
	feines Meersalz
	weißer Pfeffer, gemahlen
1 EL	Butter
1 Bd.	glatte Petersilie, gehackt

- Seelachsfilet waschen, mit Küchenkrepp trockentupfen und in 2 cm breite Streifen schneiden. Mit Salz und Pfeffer würzen.
- Mehl, Eier und Cornflakes-Brösel jeweils in einen Teller geben und die Seelachs-Streifen in dieser Reihenfolge nacheinander darin wenden.
- Butter in einer Pfanne zerlassen und die Fischstäbchen von beiden Seiten in etwa 4–5 Minuten goldbraun braten.
- Erbsen in einen Topf geben und in wenig Wasser in etwa 5–10 Min. garen. Wasser abgießen, mit Salz und Pfeffer würzen.
- Butter über die heißen Erbsen geben und bei milder Hitze zerlassen.
- Erbsen mit Petersilie bestreuen und zu den Fischstäbchen servieren.

Frikadellen mit mariniertem Zucchinisalat

Ergibt 4 große oder 8 kleine Frikadellen

Für die Frikadellen

1	altes Brötchen
500 g	Rinder- oder Lammhackfleisch
2	kleine Zwiebeln, fein gewürfelt
1 EL	Meersalz
½ TL	weißer Pfeffer
2	kleine Eier, verquirlt
3 EL	Pflanzenöl

Für den Zucchinisalat

3 EL	Pflanzenöl
800 g	Zucchini, in ½ cm dicken Scheiben
⅛ l	Wasser
1 EL	Zitronensaft
1 Prise	Salz

Für die Marinade

4 EL	Olivenöl
5 EL	Apfel-Essig
1 TL	Dijon-Senf
1	kleine Zwiebel, geschält
	Meersalz
	schwarzer Pfeffer aus der Mühle
1 Prise	Zucker

1 Bd.	Petersilie, fein gewiegt
1 Bd.	Schnittlauch, in Röllchen geschnitten

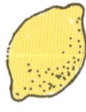

- Für die Frikadellen Brötchen in einer Schüssel in heißem Wasser einweichen.
- Hackfleisch in eine weitere Schüssel geben. Zwiebeln, Salz, Pfeffer und Eier dazugeben. Brötchen ausdrücken und in kleinen Stücken dazugeben.
- Masse gut mit einer Gabel oder sauberen Händen vermengen und nochmals würzig mit Salz und Pfeffer abschmecken.
- Mit den Händen 4 große oder 8 kleine Frikadellen formen.
- Öl in einer Pfanne erhitzen und die Frikadellen darin auf jeder Seite in ½ Min. anbraten und in weiteren 5 Min. durchgaren. Frikadellen warmstellen.
- Für den Zucchinisalat Öl in einer Pfanne erhitzen und Zucchinischeiben hineingeben. Mit Wasser und Zitronensaft übergießen, salzen. Etwa 10 Min. bei mittlerer Hitze dünsten lassen, anschließend abgießen.
- Für die Marinade in der Zwischenzeit Olivenöl, Essig und Senf verrühren. Zwiebeln hineinreiben und die Marinade mit Salz, schwarzem Pfeffer und Zucker pikant würzen.
- Abgetropfte Zucchini in die Marinade geben, Petersilie und Schnittlauch dazugeben und evtl. nochmals mit Salz und Pfeffer abschmecken.

KÜCHEN-TIPP
Zu Frikadellen passen Pommes frites, Karotten-, und Zucchinigemüse, grüne Bohnen und Salat.

RESTE-TIPP
Frikadellen schmecken auch kalt auf dem Pausenbrot oder -brötchen mit aufgeschnittenen Cornichons oder Gewürzgurken.

Lieblingsessen

✗ Hähnchen–Nuggets

Ergibt 4 Portionen

160 g	(Vollkorn-)Paniermehl
1 EL	geschrotete Leinsamen
1 EL	Parmesan, gerieben
½ TL	edelsüßes Paprikapulver
1–2	Eier
400 g	Hähnchenbrustfilet
½ TL	Salz
1 EL	Olivenöl

kleine Holzspieße

- Paniermehl, Leinsamen, Parmesan und Paprikapulver in einer Schüssel vermischen, beiseitestellen.
- Ei(er) in einem tiefen Teller mit der Gabel leicht verquirlen und beiseitestellen.
- Hähnchenbrust in 1 cm dicke Scheiben schneiden, grob würfeln und salzen.
- Würfel durch die Eiermasse ziehen und in der Paniermehl-mischung wälzen.
- Öl in einer Pfanne erhitzen und die Hähnchen-Nuggets in 5 bis 6 Min. rundherum goldbraun braten, dabei öfter wenden und auf Küchenkrepp abtropfen lassen.
- Hähnchen-Nuggets auf kleine Holzspieße stecken und warm servieren.

KÜCHEN-TIPP
Das Hähnchenbrustfilet lässt sich auch durch schnittfesten Tofu ersetzen.

Flammkuchen

Ergibt ein Backblech

250 g	Mehl (z. B. Type 1050)
1 Prise	Zucker
¼ TL	Salz
20 g	frische Hefe
125 ml	lauwarme Milch

Für den Belag

300 g	saure Sahne
	feines Meersalz
125 g	durchwachsener Speck
3	mittelgroße Zwiebeln, geschält
	weißer Pfeffer aus der Mühle

- Mehl mit Zucker und Salz in einer Schüssel vermischen.
- In die Mitte eine Mulde drücken, Hefe reinbröckeln und mit der Hälfte der lauwarmen Milch verrühren. Etwa 20 Min. ruhen lassen.
- Restliche Milch dazugeben und alles zu einem glatten, geschmeidigen Teig verkneten. Den Teig schlagen, bis er sich vom Schüsselboden löst.
- Zugedeckt etwa 30–50 Min. gehen lassen.
- Inzwischen saure Sahne und Salz verrühren. Speck fein würfeln, Zwiebeln in dünne Scheiben schneiden.
- Den Teig oval und sehr dünn (messerrückenstark) ausrollen und auf ein gefettetes Backblech legen, dabei den Rand etwas wulstig formen.
- Teig mit der sauren Sahne bestreichen, mit Speck und Zwiebeln bestreuen. Mit Pfeffer würzen. Blech in den auf 220 °C (Umluft 200 °C) vorgeheizten Backofen geben und auf mittlerer Schiene etwa 15–20 Min. backen.
- Flammkuchen heiß servieren!

KÜCHEN-TIPP

Kinder mögen auch vegetarische Flammkuchen, z. B. belegt mit saurer Sahne, dünnen Tomatenscheiben, gekochten Erbsen, Bohnen, Mais oder Käse. Oder als Dessert mit saurer Sahne, Zucker und Zimt.

✗ Maultaschensuppe

Ergibt 4 Portionen

Für die Bouillon

4	Rindfleischknochen
1–2	Markknochen
1	Lauchstange, in Stücken
1	Petersilienwurzel, geschält
1	Karotte, grob geschnitten
1	Tomate, gehäutet und halbiert
½	Zwiebel mit Schale
1 TL	Salz
1	Lorbeerblatt
2	Nelken
½ TL	weißer Pfeffer, gemahlen
1½ l	Wasser

Für die Maultaschen

3–4	Eier
3 EL	Wasser
1 TL	Essig
½ TL	Salz
350 g	Mehl (z. B. Spätzle- und Pastamehl)

Für die Füllung

1	Zwiebel, fein gehackt
2 EL	Petersilie, gehackt
2	altbackene Brötchen, in Wasser eingeweicht
50 g	Butter
300 g	Hackfleisch
3	Eier
1 Paar	Landjäger oder 100 g Speck, fein gewürfelt gemahlener Pfeffer gemahlene Muskatnuss Salz

Für die Dekoration

2 EL	Petersilie, fein gehackt

- Alle Zutaten für die Bouillon in einen großen Topf geben und etwa 1½–2 Std. bei geringer Hitze köcheln lassen (im Dampfdrucktopf etwa 40 Min.). Anschließend durch ein Sieb geben.
- Für den Maultaschenteig Eier, Wasser, Essig und Salz mit dem Schneebesen kräftig schlagen oder in der Küchenmaschine rühren und nach und nach das Mehl einkneten, bis der Teig glatt und fest ist.
- Etwa 20–30 Min. ruhen lassen. Anschließend den Teig möglichst lang etwa 2 mm dick ausrollen und mit dem Teigrädchen in Quadrate (15 x 15 cm) schneiden.
- Für die Füllung Zwiebel, Petersilie und die ausgedrückten Brötchen in der Butter andämpfen. Mit Hackfleisch, Eiern und Landjäger-Würfeln vermengen. Mit Pfeffer, Muskat und Salz abschmecken.
- Die Füllung mit einem Teelöffel jeweils in die Mitte der Teigquadrate geben und glattstreichen. Dabei jeweils ½ cm an den Rändern frei lassen und mit Wasser bestreichen.
- Maultasche zuklappen, dabei Rand auf Rand legen und mit einer Gabel festdrücken. Dabei vorsichtig die Luft aus der Maultasche drücken.
- Bouillon heiß werden lassen, Maultaschen hineingeben und etwa 10 Min. ziehen lassen. Die Suppe darf nicht kochen.
- Die Maultaschensuppe in vorgewärmte Teller geben und mit Petersilie bestreuen.

KÜCHEN-TIPP
Bouillon und Maultaschen können auch portionsweise auf Vorrat eingefroren werden.

RESTE-TIPP
Gekochte Maultaschen können anderntags mit 1–2 verquirlten Eiern in der Pfanne aufgebraten werden. Dazu schmeckt besonders gut grüner Salat.

Kuchen & Co.

Wenn Mathearbeit und Diktat geschafft sind,
müssen die Batterien neu aufgeladen werden.

Klassischer Karottenkuchen

Für eine Springform von 24 cm Durchmesser

5	Eigelb
4 EL	heißes Wasser
200 g	brauner Zucker
1 Päck.	Bourbon-Vanillezucker
5	Eiweiß
1 Prise	Salz
300 g	Karotten, mittelfein gerieben
250 g	gemahlene Mandeln oder Haselnüsse
80 g	(Vollkorn-)Semmelbrösel
½ TL	Backpulver
½ TL	gemahlener Zimt
1 EL	Rum oder 3 Tropfen Rumaroma
	abgeriebene Schale 1 ungespritzten Zitrone
	Butter zum Einfetten der Form

Für den Überzug
200 g   dunkle Schokolade (70 %)

Für die Dekoration
12   Marzipankarotten (Backartikel)

- Eigelb in einer Schüssel mit Wasser schaumig rühren. Nach und nach ⅔ des Zuckers und den Vanillezucker dazugeben, weiterrühren, bis eine cremige Masse entsteht.
- Eiweiß mit Salz in einer weiteren Schüssel zu steifem Schnee schlagen und den restlichen Zucker einrieseln lassen.
- Eischnee über die Eigelbmasse geben, darüber die geriebenen Karotten, Mandeln, Semmelbrösel, Backpulver, Zimt, Rum und abgeriebene Zitronenschale.

- ❍ Alles vorsichtig vermengen.
- ❍ Den Teig in eine gefettete Springform geben, in den auf 160 °C (Umluft 140 °C) vorgeheizten Backofen geben und auf mittlerer Schiene in etwa 60 Min. backen.
- ❍ Am Ende der Backzeit den Gartest machen: Dazu mit einem Holzspieß in die Mitte des Kuchens stechen. Klebt kein Teig mehr am Holzspieß, ist der Kuchen gut.
- ❍ Nach Ende der Backzeit den Karottenkuchen auf einem Kuchengitter etwas abkühlen lassen.
- ❍ Für den Überzug die dunkle Schokolade in Stücke brechen und sehr langsam im Wasserbad bei geringer Hitze schmelzen. Den noch warmen Kuchen damit rundherum überziehen. Marzipankarotten dabei am äußeren Rand vorsichtig in den Schokoladenüberzug drücken und ganz auskühlen lassen.
- ❍ Karottenkuchen dick in Alufolie einpacken und 2 Tage an einem kühlen Ort (nicht im Kühlschrank) durchziehen lassen. So schmeckt er am besten.

KÜCHEN-TIPP
Anstelle von Karotten lassen sich auch 300 g mittelfein geriebene Zucchini verwenden.

Apfelküchlein mit Zimt & Zucker

Ergibt 4 Portionen

4	Äpfel
125 g	Mehl
⅛ l	Bier oder Mineralwasser
1	Eigelb
80 g	Zucker
1 Prise	Salz
1 Prise	gemahlene Muskatnuss
1 TL	Öl
1	Eiweiß
	Pflanzenöl zum Frittieren

Zum Bestreuen

4 EL	Zucker
1 EL	Zimt

- Äpfel schälen, Kerngehäuse ausstechen und in etwa 1½ cm dicke Ringe schneiden.
- Mehl, Bier (Wasser), Eigelb, Zucker, Salz, Muskat und Öl in einer Schüssel rasch zu einem flüssigen Teig rühren. Eiweiß zu steifem Schnee schlagen und unterheben.
- Öl in einem Frittiertopf oder einer Fritteuse auf etwa 175 °C erhitzen.
- Apfelringe in den Teig tauchen, ins heiße Öl gleiten lassen und in etwa 5–8 Min. goldbraun frittieren. Auf Küchenkrepp abtropfen lassen und auf eine vorgewärmte Platte legen.
- Zucker und Zimt gut vermengen und die Apfelküchlein darin wenden.
- Apfelküchlein warm servieren.

Quarkauflauf mit Kirschen

Ergibt 4 Portionen

350–500 g	Sauer- oder Süßkirschen ohne Stein, frisch oder aus dem Glas
	Butter zum Einfetten der Form
125 g	Butter oder Margarine
125 g	Zucker
4	Eigelb
500 g	Sahnequark
2 EL	Grieß
4	Eiweiß
1 Prise	Salz
2 EL	(Vollkorn-)Semmelbrösel
10 g	Butter

- Kirschen in einem Sieb abtropfen lassen.
- Eine feuerfeste Form buttern und die abgetropften Kirschen hineingeben.
- Butter oder Margarine, Zucker und Eigelb in einer Schüssel schaumig rühren, Quark und Grieß dazugeben und gut verrühren.
- Eiweiß und Salz in einer Schüssel zu steifem Schnee schlagen und unter die Quark-Masse rühren. Semmelbrösel darüberstreuen und die Butter in Flöckchen darauf verteilen.
- Die Form in den auf 200 °C (Umluft 180 °C) vorgeheizten Backofen geben und auf mittlerer Schiene in etwa 45 Min. goldbraun backen.
- Den Quarkauflauf mit Kirschen warm oder kalt servieren.

Arme Ritter mit Vanillesauce

Ergibt 4 Portionen

1	Kastenweißbrot, Hefezopf oder Toastbrot
2–3	Eigelb
50 g	Zucker oder Honig Schale 1 ungespritzten Zitrone
1 Prise	Salz
500 ml	Milch
2–3	Eiweiß
2 EL	Wasser (Vollkorn-)Semmelbrösel Pflanzenöl zum Ausbacken

Für die Vanillesauce

½ l	kalte Milch
3 TL	Speisestärke
1	Vanilleschote, aufgeschnitten
2 EL	Zucker
1 Prise	Salz
1	Eigelb
1	Eiweiß

- ⟳ Kastenweißbrot oder anderes Brot in 12 Scheiben (1 cm dick) schneiden.
- ⟳ Eigelb mit Zucker oder Honig, Zitronenschale, Salz und Milch gut verrühren.
- ⟳ Über die vorbereiteten Weißbrotscheiben träufeln und ziehen lassen.
- ⟳ Eiweiß und Wasser verquirlen, Brotscheiben vorsichtig durchziehen und in den Semmelbröseln wenden.
- ⟳ Öl in einer Pfanne erhitzen und die Scheiben von beiden Seiten goldbraun ausbacken. Warmstellen.
- ⟳ Für die Sauce 2 EL kalte Milch in einer Schüssel mit der Speisestärke verrühren. Die übrige Milch mit der Vanilleschote, Zucker und Salz bei mittlerer Hitze in einem Topf einmal aufkochen und vom Feuer nehmen.
- ⟳ Die angerührte Speisestärke langsam einfließen lassen und unter Rühren einmal kurz aufkochen. Topf vom Feuer nehmen und Vanilleschote entfernen.
- ⟳ Eigelb mit etwas Sauce in einem Becher verquirlen und in die Sauce rühren.
- ⟳ Eiweiß steifschlagen und unterziehen.
- ⟳ Arme Ritter mit kalter oder warmer Vanillesauce servieren.

Marmorkuchen

Für eine Napfkuchenform von 24 cm

250 g	Butter oder Margarine
1 Päck.	Bourbon-Vanillezucker
1 Prise	Salz
250 g	Zucker
4	Eier
500 g	Mehl
1 Päck.	Backpulver
⅛ l	Milch
50 g	gehackte Mandeln
50 g	Schokolade, 60 %
40 g	Kakao
2 EL	Rum
2 EL	Milch
	Margarine zum Einfetten der Form
2 EL	Puderzucker

- ☢ Butter oder Margarine in einer Schüssel schaumig rühren. Vanillezucker, Salz und esslöffelweise 200 g Zucker zugeben. Gut verrühren und die Eier nacheinander dazugeben.
- ☢ Mehl und Backpulver mischen. Abwechselnd mit der Milch unterrühren.
- ☢ Ein Drittel des Teiges abnehmen. Mandeln in den übrigen Teig mischen.
- ☢ Schokolade in eine Schüssel reiben. Mit Kakao, dem restlichen Zucker, Rum und Milch mischen und unter das abgenommene Teigdrittel rühren.
- ☢ Backform fetten. Abwechselnd erst die Hälfte des hellen Kuchenteigs, dann den dunklen Teig und darauf den restlichen hellen Teig einfüllen.

- Für die Marmorierung eine Gabel spiralförmig durch den geschichteten Teig ziehen.
- Marmorkuchen im vorgeheizten Backofen auf der untersten Schiene bei 180 °C (Umluft 160 °C) etwa 90 Min. goldbraun backen.
- Kuchen aus dem Ofen nehmen, etwas abkühlen lassen und auf ein Kuchengitter stürzen. Sowie der Kuchen abgekühlt ist, mit Puderzucker bestäuben.
- Den Marmorkuchen kalt servieren.

Schlemmen wie im Urlaub

Wer aus den Ferien wieder nach Hause kommt, schwärmt meist noch lange von den Köstlichkeiten der Urlaubsländer. Dann können Familie, Freunde und Nachbarn in Erinnerungen an Italien schwelgen, z. B. mit Kartoffel-Gnocchi oder Pastaspezialitäten – selbst gemacht, versteht sich. Beim Pasta-Festival können auch die Kinder helfen. Spaghetti-Eis gibt's für die Kleinen danach – mit leuchtend roter Erdbeersauce.

Duftende Kräuter, leuchtende Tomaten und frisches Obst. Das ist die Provence im Sommer und so schmeckt sie auch: Wer Frankreich liebt, schwelgt in kulinarischen Souvenirs wie Ratatouille oder Gefrorene Zitronen; sie zaubern Feriengefühle auf die Tafel.

Nordlichter lieben Smørrebrød mit leckerem Belag oder lassen sich mit Köttbullar den Nordwind um die Nase wehen. Auch Norwegen hat Leckerbissen auf der Pfanne: Wie z. B. Fiskebollar und Rommefavler, knusprige Fischbällchen und Sahne-Waffeln, die selbst gemacht richtig lecker schmecken.

Kleine Toreros mit großem Appetit schwärmen für selbst gemachte Tortilla oder Paella mit Hühnchen, den Klassikern Spaniens. Österreich grüßt natürlich mit Wiener Schnitzelchen und danach Palatschinken.

Italien

*Pizza, Pasta, gute Laune: Wenn frisch gemachte Nudeln
und andere italienische Köstlichkeiten auf den
Teller kommen, sind alle glücklich!*

Pasta-Festival: Pappardelle, Farfalle, Maltagliati

Ergibt 4 Portionen

300 g Mehl (Type 405) oder Pasta-Mehl
½ TL Salz
3 frische Eier

Mehl zum Ausrollen

Zum Servieren
2–3 EL Olivenöl oder 1 EL Butter
geriebener Parmesan oder Emmentaler Käse

- Mehl und Salz in einer Schüssel mischen. Eier mit einer Gabel aufschlagen und zum gesalzenen Mehl geben.
- Mit dem Knethaken der Küchenmaschine oder dem elektrischen Handrührgerät alles zu einem geschmeidigen Teig kneten und 30 Min. zugedeckt stehen lassen.
- Ist der Teig zu trocken, mit nassen Händen kneten, bis er geschmeidig wird. Klebt er, wenig Mehl langsam zugeben, bis er sich vom Schüsselrand löst.
- Nudelteig anschließend in drei Teile teilen und nacheinander auf einer gut bemehlten Arbeitsfläche rechteckig (35 x 20 cm) ausrollen oder durch den glatten Aufsatz der Nudelmaschine laufen lassen.
- Für Pappardelle den ausgerollten Teig längs etwa 6 cm locker umschlagen und in etwa 2 cm breite Streifen schneiden.

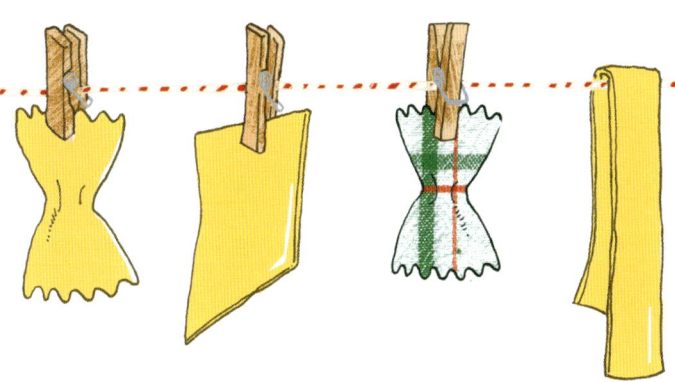

- Für Farfalle den ausgerollten Teig in etwa 6 cm breite Streifen schneiden, dann jeweils quer in 4½ cm breite Abschnitte. Die kleinen Rechtecke zwischen Daumen und Zeigefinger in der Mitte falten, gut zusammendrücken und seitlich auffächern.
- Für Maltagliati den ausgerollten Teig längs etwa 6 cm locker umschlagen und jeweils die Ecken schräg abschneiden, so dass ungleichmäßige Rechtecke entstehen. »Maltagliati« bedeutet im Italienischen so viel wie »schlecht geschnitten«, so dass auch alle Reste ausgerollten Nudelteigs anderer Pastaformen verwendet werden können.
- Alle Nudelsorten auf einem bemehlten Tuch locker auslegen, zudecken und etwa 4–5 Std. antrocknen lassen.
- Pasta kochen: Dazu die Nudeln entweder jeweils getrennt oder zusammen in 3–4 l kochendes Salzwasser gegeben und in 2–4 Min. bissfest (al dente) garen. Anschließend in einem Sieb abtropfen lassen und mit Olivenöl oder Butter und geriebenem Käse servieren.

KÜCHEN-TIPP
Zu allen Nudelsorten passen Gemüsegerichte wie Ratatouille, gebratene Würstchen oder selbst gemachtes Ketchup.

VARIANTE
Aus den ausgerollten 6 cm breiten Teigstreifen lassen sich auch weitere Nudelsorten schneiden: Dabei Fettucine in etwa 1 cm, Tagliatelle in etwa 5 mm oder Taglieri in etwa 2 mm breite Streifen schneiden.

RESTE-TIPP
Trockene Nudeln lassen sich – gut verschlossen – lange aufbewahren.

Gnocchi selbst gemacht

Ergibt 4 Portionen

750 g	mehlige Kartoffeln
1	verquirltes Ei
50 g	geriebener Käse (Parmesan)
1 Msp.	gemahlene Muskatnuss
1½ TL	Salz
250 g	Mehl
3 EL	heißes Olivenöl

geriebener Parmesan zum Servieren

Kartoffelpresse

- ☺ Die Kartoffeln in der Schale weich kochen, heiß schälen, durch die Kartoffelpresse drücken und auskühlen lassen.
- ☺ Ei, Parmesan, Muskatnuss und Salz unter die Kartoffelmasse rühren und das Mehl dazugeben. Einen glatten Teig rühren und 30 Min. im Kühlschrank ruhen lassen.
- ☺ Aus dem Teig fingerdicke Rollen formen und in etwa 2–3 cm lange Stücke schneiden. Die Stücke mit dem Daumen auf die Zinken einer Gabel drücken, so dass auf der einen Seite das Rillenmuster der Gabel und auf der anderen Seite der Daumenabdruck sichtbar wird. So lange damit fortfahren, bis alle Gnocchi auf diese Weise geformt sind.
- ☺ 3–4 l Wasser aufkochen lassen und salzen. Gnocchi portionsweise im heißen Wasser ziehen lassen. Wenn sie an die Oberfläche steigen, sind sie gar.
- ☺ Gnocchi in einem Sieb abtropfen lassen und auf eine vorgewärmten Platte geben. Heißes Olivenöl darübergeben und zugedeckt im Backofen warm halten.
- ☺ Zum Schluss etwas geriebenen Parmesankäse über die Gnocchi geben und servieren.

RESTE-TIPP
Gnocchi anderntags unter Zugabe von etwas Butter aufbraten und mit frischem Salat servieren!

Spaghetti-Eis mit ›Tomatensauce‹ und ›Parmesan‹

Ergibt 4–6 Portionen

Für die Spaghetti
600 g Vanilleeis, tiefgekühlt

Für die »Tomatensauce«
150 g Erdbeeren, frisch oder aufgetaut
2 TL Zucker

Für die Dekoration
20 g geriebene Mandeln oder weiße, geriebene Schokolade

1 Kartoffelpresse, mit großem Locheinsatz oder Spätzlesepp, etwa 60 Min. vorgekühlt
4 Glasschälchen, etwa 60 Min. vorgekühlt

- Für die »Spaghetti« das Vanilleeis mit einem Portionierer oder Löffel in die gut gekühlte Kartoffelpresse geben, durchdrücken und dabei gleichmäßig auf die vier gekühlten Glasschälchen verteilen.
- Erdbeeren pürieren und darüber verteilen und mit geriebenen Mandeln oder weißer Schokolade bestreuen.
- Das Spaghetti-Eis mit »Tomatensauce« und »Parmesan« sofort servieren.

Frankreich

*Das Land von Asterix und Obelix hat für kleine und große
Feinschmecker viele Leckerbissen auf Lager, die auch
zu Hause Ferienstimmung auf die Teller zaubern.*

Ratatouille

Ergibt 4 Portionen

5 EL	Olivenöl
100 g	Zwiebeln, fein gehackt
2	Knoblauchzehen, fein gehackt
300 g	Tomaten
je 300 g	rote und grüne Paprikaschoten, grob gewürfelt
500 g	Auberginen, grob gewürfelt
750 g	Zucchini, grob gewürfelt
	Salz und Pfeffer aus der Mühle
je 1 EL	frische Rosmarinnadeln und Basilikumblätter

- Olivenöl in einem Bräter erhitzen. Zwiebeln und Knoblauch darin 10 Min. unter Rühren glasig werden lassen.
- Inzwischen Tomaten mit kochendem Wasser übergießen, häuten, Stängelansätze rausschneiden und grob würfeln.
- Alle Gemüse zu Zwiebeln und Knoblauch in den Bräter geben, salzen und pfeffern, Rosmarin und Basilikum unterrühren und Deckel daraufsetzen.
- Im vorgeheizten Backofen bei 200 °C (Umluft 180 °C) etwa 45 Min. garen.

KÜCHEN-TIPP
Ratatouille eignet sich als Hauptgericht mit Weißbrot – warm oder kalt – oder als Beilage zu Fleisch und Nudeln.

Gefrorene Zitronen

Ergibt 4 Portionen

 4 große Bio-Zitronen
    350–400 ml Zitronensorbet, tiefgekühlt

- Zitronen waschen, an der spitzen Seite jeweils einen Hut von 2–3 cm abschneiden. Die Zitronen sollten aufrecht stehen, dazu evtl. die zweite Seite mit einem Messer abflachen, ohne ins Fruchtfleisch zu schneiden.
- Mit Hilfe eines scharfen Löffels oder Messers alles Fruchtfleisch – auch aus dem Deckel – herausschneiden und die inneren weißen Häute entfernen.
- Ausgehöhlte Zitronen und Hüte in einen Gefrierbeutel geben und mind. 3 Std. ins Tiefkühlfach geben.
- Angefrorene Zitronen herausnehmen und das Sorbet mit einem Löffel bis über den Rand hinaus füllen. Hüte aufsetzen, leicht andrücken und sofort servieren.

KÜCHEN-TIPP

Zum späteren Gebrauch können die gefüllten Zitronen auch wieder eingefroren werden. Dazu die gefüllten Zitronen auf eine Unterlage stellen und im großen Plastikbeutel aufrecht ins Tiefkühlfach stellen. Zum Servieren aus dem Tiefkühlfach nehmen und etwa 5 –10 Min. antauen lassen.

TIPP

Anstelle von Zitronen lassen sich auch Orangen oder Mandarinen mit Sorbet oder Eis, z. B. Vanilleeis, füllen.

Dänemark

Kinder lieben tolle Stullen und freuen sich königlich,
wenn sie dazu noch lecker belegt sind.
Dänische Butterbrote sind auch ideales Picknickfutter.

Smørrebrød mit Leberpastete

Ergibt 4 Portionen

4 Scheiben   kerniges Vollkornbrot, dünn geschnitten

Für die Leberpastete
- 500 g   Leber (Geflügel oder Kalb)
- 500 g   frischer, ungeräucherter, fetter Speck
- 100 g   eingelegte Anchovisfilets
- 500 g   Zwiebeln, grob gehackt
- 125 g   Sahne
- 50 g   Mehl
-    Meersalz und Pfeffer aus der Mühle
- 1–2 TL   gemahlene Nelken
- 2   große Eier

Für die Dekoration
- 4   Salatblätter, gewaschen und getrocknet
- 12   Gurkenscheiben, dünn geschnitten
- 4   Scheiben Bacon (Frühstücksspeck), gebraten

- ✪ Leber und Speck in Streifen schneiden und getrennt jeweils durch die feinste Scheibe des Fleischwolfs drehen; kühl stellen.
- ✪ Anchovis abgießen und im Mixer pürieren.
- ✪ Etwa 100 g des durchgedrehten Specks in einer Pfanne ausbraten.
- ✪ Zwiebeln ebenfalls durch den Fleischwolf drehen, sofort ins Bratfett geben, goldgelb andünsten und anschließend auskühlen lassen.

- Restlichen Speck nochmals mit dem Pürierstab zerkleinern und die Leber nach und nach zugeben. Pürierte Anchovis, Zwiebeln, Sahne und Mehl dazugeben. Mit Salz, Pfeffer und den gemahlenen Nelken gut würzen.
- Eier zugeben und alles nochmals gut vermengen. In eine 1½ l-Pastetenform einfüllen. Die Saftpfanne des Backofens mit Wasser füllen und die zugedeckte Pastete hineinsetzen.
- Im vorheizten Backofen auf mittlerer Schiene bei 170 °C (Umluft 150 °C) in etwa 90 Min. garen.
- Ausgetretenes Fett abgießen und die Pastete in der Form kalt stellen.
- Smørrebrød dünn mit Butter bestreichen und mit jeweils einem Salatblatt und einer Scheibe Leberpastete belegen. Mit Gurkenscheiben und gebratenem Frühstücksspeck dekorieren und servieren.

KÜCHEN-TIPP
Die restliche Pastete hält sich im Kühlschrank etwa 1 Woche.

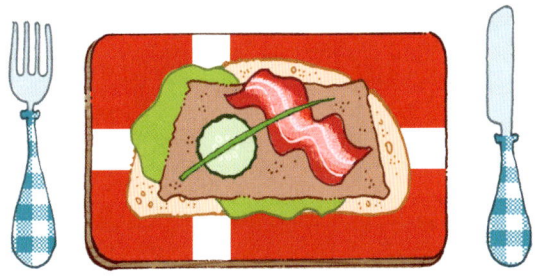

✗ Sommersuppe mit Zuckerschoten

Ergibt 4 Portionen

500 ml	Wasser
½ TL	Salz
1 EL	Zucker
1	große Möhre, geschält, dünn geschnitten
150 g	frische Erbsen, gepult
1	kleiner Blumenkohl, geputzt in Röschen
5	kleine Kartoffeln, geschält
500 ml	heiße Milch
50 g	frische Spinatblätter
100 g	frische Zuckerschoten
4 EL	Butter
4 EL	frischer Kerbel, gehackt
1	Eigelb

- ❂ In einem Topf Wasser mit Salz und Zucker aufkochen lassen.
- ❂ Möhren, Erbsen, Blumenkohl und Kartoffeln dazugeben, aufkochen und etwa 5 Min. auf kleiner Flamme köcheln lassen.
- ❂ Milch angießen, Spinatblätter und Zuckerschoten dazugeben.
- ❂ Butter unterrühren und mit Kerbel abschmecken.
- ❂ Eigelb mit etwas heißer Suppe verrühren, zurück in den Topf geben und vom Feuer nehmen.
- ❂ Die Sommersuppe mit Zuckerschoten heiß oder lauwarm servieren.

TIPP

Die Suppe lässt sich mit verschiedenen Einlagen wie z. B. mit geröstetem Weißbrot, Hackfleischbällchen oder Shrimps weiter verfeinern.

Schweden

*»Mamas Fleischbällchen« sind in Schweden ein Begriff
und werden mit viel Liebe zubereitet. Ein Grund mehr,
das leckere Original zu Hause auszuprobieren.*

Köttbullar (Fleischbällchen)

Für 30–40 Stück

1 EL	Butter
1	Zwiebel, fein gehackt
75 g	Semmelbrösel
250 ml	Milch
500 g	Hackfleisch (halb Rind, halb Schwein)
1	verquirltes Ei
	feines Meersalz
	weißer Pfeffer, gemahlen
½ TL	gemahlener Piment

Butter zum Braten

- Butter in einer Pfanne leicht braun werden lassen und die gehackte Zwiebel darin anbraten.
- Semmelbrösel in der Milch einweichen und etwa 5 Min. quellen lassen.
- Hackfleisch, angebratene Zwiebel, Ei und die Milch-Semmelbrösel-Mischung gut vermengen. Mit Salz, Pfeffer und Piment würzen.
- Falls die Masse zu trocken ist, etwas Wasser zugeben. Ist sie zu feucht, noch etwas Semmelbrösel zugeben.
- Mit feuchten Händen kleine Klößchen formen und auf einen Teller legen.
- Großzügig Butter in einer Pfanne braun werden lassen und die Fleischbällchen darin rundherum knusprig braten.

KÜCHEN-TIPP
Köttbullar mit Preiselbeerkompott, Kartoffelpüree und Radieschensalat servieren!

Norwegen

Um Fisch kommt im Land der Fjorde niemand herum.
Bei uns lieben auch Kinder die gesunden Fischbällchen,
vor allem dann, wenn knusprige Waffeln mit Sahne folgen.

Fiskebollar (Fischbällchen)

Ergibt 4 Portionen

750 g	Seefischfilet ohne Haut und Gräten
125 g	Butter, zerlassen
	feines Meersalz
	Pfeffer aus der Mühle
2 EL	Mehl
250 ml	Sahne
2	Eigelb
2	Eiweiß

- Die Fischfilets in kleinste Stücke schneiden, die Masse mit flüssiger Butter mischen und durch ein Haarsieb geben.
- Die Fischmasse mit wenig Salz und Pfeffer abschmecken.
- Mehl, die Hälfte der Sahne und Eigelb verquirlen. Vorsichtig unter die Fischmasse rühren, bis sie gebunden hat.
- Restliche Sahne und Eiweiß getrennt steifschlagen und zur Fischmasse geben.
- Mit einem Teelöffel kleine Klößchen formen und in schwach kochendem Salzwasser in etwa 10 Min. fest werden lassen.
- Fiskebollar bis zum Servieren warmstellen.

KÜCHEN-TIPP
Fiskebollar mit heißer Krebssauce (Fischgeschäft) reichen.

Rømmevafler (Waffeln) mit Heidelbeeren und Sahne

Ergibt 4–6 Portionen

5	Eier
100 g	Zucker
½ TL	Salz
100 g	Mehl
1 TL	Backpulver
½ TL	gemahlener Kardamom
200 g	saure Sahne (35 %) oder Schmand
50 g	Butter, zerlassen

1	elektrisches Waffeleisen
2 EL	Butter
1	Küchenpinsel

Für die Beilagen

450 g	Heidelbeeren, frisch oder tiefgekühlt
125 g	Sahne
2 TL	Bourbon-Vanillezucker

- Eier, Zucker und Salz in eine Schüssel geben und etwa 5 Min. mit dem Rührgerät schaumig rühren.
- Mehl, Backpulver, Kardamom und saure Sahne zugeben. Zum Schluss zerlassene Butter unterrühren. Noch 2 Min. weiterrühren, und 10 Min. ruhen lassen.
- Waffeleisen mit Butter auspinseln und den Teig portionsweise hineingeben.
- Waffeln knusprig braun ausbacken und warmstellen.
- Die frischen oder aufgetauten Heidelbeeren in eine Schüssel geben. Sahne und Vanillezucker steifschlagen und zu den Rømmevafler servieren.

KÜCHEN-TIPP

Zu Waffeln schmecken auch Erdbeeren und Himbeeren oder Apfel- und Birnenkompott.

Schlemmen wie im Urlaub

Spanien

In Spanien kommt das Beste aus der Pfanne.
Die Ferien lassen sich köstlich verlängern.

Tortilla

Ergibt 4 Portionen

8 EL	Olivenöl
300 g	Zwiebeln, gewürfelt
500 g	Kartoffeln, geschält, in feinen Scheiben
3 EL	Wasser
4	Eier
	etwas Salz

- Olivenöl in einer großen Pfanne erhitzen und Zwiebeln darin in etwa 3 Min. glasig braten.
- Die dünnen Kartoffelscheiben dazugeben und bei schwacher Hitze unter häufigem Wenden insgesamt etwa 20 Min. hellgelb braten.
- Nach etwa 10 Min. das Wasser über die Kartoffeln geben und die Pfanne mit einem Deckel fest verschließen.
- Eier mit etwas Salz in einer Schüssel verquirlen und über die Kartoffeln geben. Etwa 5 Min. stocken lassen.
- Die Tortilla auf den Deckel gleiten lassen und umgedreht wieder in die Pfanne gleiten lassen, bis die Unterseite ebenfalls gestockt ist.
- Die Tortilla sofort servieren.

TIPP
Tortilla schmeckt auch kalt lecker und besonders gut zu Salaten.

Gallo, el

Cebolla, la

Paella mit Hühnchen

Ergibt 4 Portionen

6 EL	Olivenöl
200 g	Chorizos (span. Würstchen), 1 cm dick geschnitten
2	Knoblauchzehen, in feinen Scheiben
	Salz, schwarzer Pfeffer aus der Mühle
1	bratfertiges Hähnchen, in 8 Teilen
100 g	Zwiebeln, fein gewürfelt
250 g	mageres Schweinefleisch, ½ cm groß gewürfelt
4	Tomaten, geschält, entkernt, geviertelt
150 g	rote und grüne Paprikaschoten, entkernt, in Streifen
	Meersalz und weißer Pfeffer
250 g	Langkornreis, gewaschen und abgetropft
½ TL	gemahlener Safran
750 ml	heiße Fleischbrühe
300 g	Miesmuscheln, gekocht
100 g	TK-Erbsen, aufgetaut

Für die Dekoration

1 Bd.	großblättrige Petersilie, gehackt

Ajo, el

Pimienta

- 2 EL Olivenöl in einem großen flachen Topf oder einer Paella-Pfanne erhitzen und Chorizos darin kurz anbraten. Knoblauch zugeben und verrühren. Würstchen herausnehmen.
- Restliches Olivenöl zugeben und die mit Salz und Pfeffer gewürzten Hähnchenteile darin etwa 10 Min. von allen Seiten anbraten.
- Zwiebelwürfel dazugeben und etwa 3 Min. mitbraten. Schweinefleisch dazugeben und weitere 5 Min. braten lassen.
- Tomaten und Paprikastreifen zum Fleisch geben. Salzen und pfeffern. Bei geringer Hitze etwa 30 Min. zugedeckt schmoren. Anschließend Hähnchenfleisch herausnehmen.
- Reis zum Schweinefleisch geben. Safran mit der heißen Fleischbrühe verrühren und über den Reis geben. Umrühren und mit Salz und Pfeffer abschmecken.
- Wurstscheiben, Hähnchenfleisch, Muscheln und Erbsen auf dem Reis verteilen.
- Topf in den auf 200 °C (Umluft 180 °C) vorgeheizten Ofen geben und auf mittlerer Schiene in etwa 30 Min. fertiggaren.
- Die Paella mit frischer Petersilie überstreuen und im Topf servieren.

KÜCHEN-TIPP
In die Paella passen auch Meeresfrüchte wie Langustinenschwänze und Tintenfisch oder Artischockenböden und Oliven. Kinder können sich bei einer reichhaltigen Paella einfach die Leckerbissen herausnehmen, die ihnen schmecken.

Österreich

*Mit Schmankerln aus Österreich zeigt sich die
Homemade-Küche von ihrer Schokoladenseite.*

✕ Wiener Schnitzelchen

Ergibt 4 Portionen

4	Kalbschnitzel à 150 g aus der Keule, höchstens 1 cm dick geschnitten
	Salz
2 EL	Mehl
1	verquirltes Ei
30 g	Vollkornsemmelbrösel oder anderes Paniermehl
je 25 g	Butter und Schweineschmalz
4	Zitronenscheiben
2 EL	frische Petersilie, gezupft

- ❂ Kalbsschnitzel waschen, halbieren und mit Küchenkrepp abtupfen. Etwas breitklopfen und mit Salz einreiben.
- ❂ Mehl, verquirltes Ei und Semmelbrösel jeweils auf einen Teller geben und die Schnitzelchen nacheinander in Mehl, Ei und zum Schluss in den Semmelbröseln wenden.
- ❂ Butter und Schweineschmalz in einer großen Pfanne erhitzen.
- ❂ Schnitzelchen hineingeben und beidseitig jeweils etwa 2 Min. knusprig ausbacken.
- ❂ Auf einer vorgewärmten Platte mit Zitronenscheiben und Petersilie anrichten.

KÜCHEN-TIPP
Zu Wiener Schnitzelchen passen Kopf- und Radieschen- oder Kartoffel-salat.

RESTE-TIPP
Übrig gebliebene Schnitzelchen schmecken kalt prima auf dem Pausenbrot und eignen sich als Proviant fürs Picknick, für Rad-Touren und andere Ausflüge.

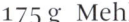Palatschinken

Ergibt 4–6 Palatschinken

175 g	Mehl
1	Prise Salz
2	Eier
1	Eigelb
250 ml	Milch
125 ml	Mineralwasser
60 g	Butter
100 g	Erdbeerkonfitüre
	Puderzucker zum Bestäuben

- Mehl in eine Schüssel geben, in die Mitte eine Mulde drücken.
- Salz, Eier, Eigelb, Milch und Mineralwasser dazugeben und mit dem Schneebesen oder dem elektrischen Handrührer von der Mitte aus zu einem dickflüssigen Eierkuchenteig rühren.
- Den Teig etwa 20 Min. ruhen lassen, damit das Mehl quellen kann.
- Portionsweise Butter in einer Pfanne erhitzen, den Teig mit einer Schöpfkelle einfüllen und durch Drehen der Pfanne auf dem Pfannenboden verteilen.
- Nacheinander 4–6 Palatschinken bei geringer Hitze auf beiden Seiten je etwa 3 Min. backen.
- Jeweils mit Erdbeerkonfitüre dünn bestreichen, zusammenrollen und warmstellen.
- Palatschinken kurz vor dem Servieren mit Puderzucker bestreuen.

Unterwegs

Ob mit dem Auto zur Verwandtschaft, zu Fuß durch den
Wald oder mit dem Fahrrad ins Grüne – Familien mit Kindern
sind oft auf Achse. Damit der Ausflug zum Hochgenuss wird,
ist der Picknickkorb wohlgefüllt mit Leckereien, auf die sich
alle freuen können.

Für Spaß auf der Autobahn sorgen leckere Sandwiches
zum Draufsetzen, die umso besser schmecken, je länger
die Fahrt dauert.

Im Wald zaubern Sie herrliche duftende Kräuterwaffeln und einen
Eistee mit Minze aus dem Rucksack, beim Picknick im Grünen
liegen gewickeltes Salamibrot und köstlicher Obstsalat im Korb
und für die Radtour packen Sie energiereiche Müsliriegel und einen
echten Radler-Drink in die Satteltasche.

Damit die Busfahrt ins Ferienlager nicht langweilig wird,
gibt es herzhafte Zauber-Ecken mit Käse und als Schmankerl
ein Bananenbrot mit Pecannüssen.

Auf der Autobahn

*»Wann sind wir endlich da?« – Autofahren kann langweilig sein.
Da braucht es die richtigen Happen für die Mannschaft
auf der Rückbank.*

Sandwich zum Draufsetzen

Ergibt 4 Portionen

1	Roggenbaguette (500 g)
8	Salatblätter
8 Scheiben	roher Schinken
3–4 EL	(selbst gemachte) Mayonnaise
2	Gewürzgurken, in Scheiben

- Baguette längs aufschneiden. Mit 4 Salatblättern und Schinken belegen, Mayonnaise auf dem Schinken verstreichen und mit Gewürzgurken garnieren.
- Übrige Salatblätter verteilen und obere Baguette-Hälfte drauflegen.
- Baguette in vier Teile schneiden und jeweils zweimal fest in Frischhaltefolie wickeln.
- Auf der Fahrt mind. 30 Min. auf das Sandwich setzen, auspacken und genießen.

KÜCHEN-TIPP
Das Rezept für selbst gemachte Mayonnaise finden Sie auf Seite 27.

✂ Pausenkeks

Ergibt ca. 60 Stück

250 g	Weizenvollkornmehl
150 g	Butter, gewürfelt
125 g	Haselnüsse, gehobelt
80 g	Honig, flüssig
1 Prise	Salz
½ TL	Zimt

- ○ Mehl, Butter, Nüsse, Honig, Salz und Zimt mit dem Knethaken zu einem glatten Teig kneten, zu zwei langen Rollen (3 cm Durchmesser) formen und in Frischhaltefolie gewickelt mind. 60 Min. kühl stellen.
- ○ Mit einem scharfen Messer ½ cm dicke Scheiben schneiden, auf ein mit Backpapier ausgelegtes Backblech setzen und im vorgeheizten Backofen bei 200 °C (Umluft 180 °C) ca. 10 Min. goldbraun backen.
- ○ Pausenkekse auskühlen lassen und in Blechdosen lagern.

Wanderlust

Der Ausflug ins Grüne wird zum Hochgenuss,
wenn auch die mitgebrachten Snacks nach
aromatischen Kräutern duften.

Grüne Waffeln
Ergibt 10 Stück

250 g	Kartoffeln, festkochend
3	Eigelb
1 Bd.	Petersilie, gehackt
½ Bd.	Schnittlauch, in Röllchen geschnitten
100 g	Mehl
100 ml	Sahne
3	Eiweiß
	Salz
	schwarzer Pfeffer aus der Mühle
1 Msp.	Muskatnuss, gerieben
1 Msp.	Paprikapulver (edelsüß)
	zerlassene Butter für das Waffeleisen

- Kartoffeln in Salzwasser garen, noch heiß pellen und durch die Kartoffelpresse drücken oder zerstampfen.
- Eigelb mit Kräutern verquirlen und unter die Kartoffeln mischen. Abwechselnd Mehl und Sahne unterrühren.
- Eiweiß zu Schnee schlagen und mit dem Holzlöffel unterheben. Mit Salz, Pfeffer, Muskat und Paprika würzen.
- Heißes Waffeleisen mit Butter bepinseln, je 1 EL Teig in die Mitte geben und Waffeln goldbraun backen.

TIPP
Wer die Waffeln lieber zu Hause genießen möchte, serviert sie mit einigen Scheiben gebeiztem Lachs und buntem Salat.

Eistee mit Minze

Ergibt 2 Liter

5 EL	Früchtetee
1 l	Wasser
250 ml	Apfelsaft, klar
750 ml	Mineralwasser
2	Bio-Limetten, halbiert, in Scheiben geschnitten
½ Bd.	Minze, gezupft
	Eiswürfel

- Früchtetee mit kochendem Wasser übergießen und 15 Min. ziehen lassen. Tee durch ein Sieb gießen und kühl stellen.
- Abgekühlten Tee mit kaltem Apfelsaft und Mineralwasser auffüllen. Limettenscheiben, Minzblätter und Eiswürfel zugeben.
- Eistee mit Minze zum Transport in Thermosflaschen füllen.

Picknick mit Freunden

*»Wochenend' und Sonnenschein« – da heißt es nichts
wie raus in die Natur! Mit Kind und Kegel und natürlich
einem üppig gefüllten Picknickkorb.*

Obstsalat mit Vanillequark im Glas

Ergibt 4 Portionen

2	Äpfel, entkernt, geviertelt
2	Birnen, entkernt, geviertelt
2 TL	Zitronensaft
2	Bananen, in Scheiben
2 EL	Rosinen
200 g	Trauben, kernlos
2 EL	Honig

Für den Vanillequark

500 g	Quark (20 %)
2 TL	Honig
	Mark von 1 Vanilleschote

- Äpfel und Birnen mit Zitronensaft mischen. Bananenscheiben, Rosinen, Trauben und Honig dazugeben und vorsichtig vermischen.
- Quark mit Honig und Vanillemark aufschlagen.
- Obstsalat und Vanillequark im Wechsel in Weckgläser mit Bügelverschluss schichten und bis zum Verzehr kühl halten.

Gewickeltes Salamibrot

Für eine 26-cm-Kastenform

Für den Teig

500 g	Mehl (Type 550)
1 Päck.	Backpulver
1 TL	Salz
250 g	Magerquark
3	Eier
90 ml	Olivenöl
2 Bd.	Petersilie, gehackt

Für die Füllung

100 g	Fenchelsalami, in dünnen Scheiben
150 g	getrocknete Tomaten in Öl, gewürfelt
50 g	schwarze Oliven, gehackt
50 g	grüne Oliven, gehackt

Für die Dekoration

1–2 EL	Milch
1 TL	Fenchelsamen

- Für den Teig Mehl mit Backpulver und Salz mischen. Quark, Eier Olivenöl und Petersilie dazugeben und mit dem Knethaken der Küchenmaschine zu einem glatten Teig verkneten.
- Teig auf einer bemehlten Arbeitsfläche zu einem Rechteck (ca. 35 x 22 cm) ausrollen und mit Salamischeiben belegen. Tomaten und Oliven darauf verteilen.
- Teig von der kürzeren Seite fest aufrollen und mit der Naht nach unten in die gefettete Kastenform legen. Oberfläche kreuzweise mit einem Messer leicht einritzen. Mit Milch bepinseln und mit Fenchelsamen bestreuen.
- Gewickeltes Salamibrot im vorgeheizten Backofen bei 180 °C (Umluft 160 °C) etwa 60 Min. backen. Abkühlen lassen und auf ein Küchengitter stürzen. Brot bis zum Verzehr fest in Alufolie wickeln.

TIPP

Für die vegetarische Variante Salami durch geriebenen Käse (z. B. Parmesan, Pecorino oder Gouda) ersetzen.

Unterwegs

Radtour

Wer in die Pedale tritt, braucht Energie, die schmeckt.
Nach dieser Pause geht's voller Kraft weiter
zum nächsten Etappenziel.

Müsliriegel

Ergibt ca. 24 Stück

400 g	gemischte, kernige Bio-Getreideflocken, z. B. Hafer-, Dinkel-, Gerste-, Roggen- und Reisflocken (Bio-Laden)
80 g	Mandeln, gemahlen
100 g	Sesam, ungeschält
50 g	Sonnenblumenkerne
250 g	Honig, flüssig
80 ml	Sonnenblumenöl
1 TL	Zimt

- ✪ Alle Zutaten gut vermischen und auf einem mit Backpapier ausgelegten Backblech gleichmäßig verstreichen, gut andrücken.
- ✪ Im vorgeheizten Backofen bei 175 °C (Umluft 155 °C) ca. 25 Min. goldbraun backen.
- ✪ Müsliriegelmasse abkühlen lassen, vom Backpapier lösen und in Riegel (ca. 10 x 3 cm) schneiden. Bis zum Verzehr in Blechdosen aufbewahren.

TIPP
Sie können die Müsliriegel auch mit kleinen Würfeln aus Trockenfrüchten wie Aprikosen, Datteln oder Rosinen verfeinern.

Radler-Drink

Ergibt 2 Liter

600 ml	Johannisbeersaft
400 ml	Apfel-Bananensaft (Bio-Laden, Reformhaus)
1 l	stilles Mineralwasser
1 Msp.	Salz

○ Saft, Wasser und Salz mischen und in Fahrrad-Trinkflaschen füllen.

TIPP
Der Radler-Drink schmeckt natürlich auch mit anderen Säften,
wie z. B. Birne, Traube oder Multivitamin.

Schulausflug

Wenn die ganze Schulklasse im Bus sitzt, werden spätestens nach 10 Minuten die Vespertüten ausgepackt. Geben Sie Ihren Kindern ruhig ein paar Portionen mehr mit, denn von diesem Proviant wollen sicher alle probieren.

Bananenbrot mit Pecannüssen

Für eine 26-cm-Kastenform

100 g	brauner Zucker
	Vanillezucker
2	Eier
5 EL	Sonnenblumenöl
200 g	Mehl (Type 550)
50 g	Dinkelmehl (Type 630)
½ Päck.	Backpulver
½ TL	Zimt
1 Prise	Salz
150 ml	Buttermilch
100 g	Pecannusskerne, gehackt
2	reife Bananen, gewürfelt
50 g	Pecannuss-Hälften

Für die Dekoration
Puderzucker

- ❂ Zucker, Vanillezucker, Eier und Öl schaumig rühren. Beide Mehlsorten mit Backpulver, Zimt und Salz vermengen und abwechselnd mit der Buttermilch unter die Eiermasse rühren. Gehackte Nüsse und Bananenwürfel unterheben.
- ❂ Teig in eine gefettete Kastenform geben und die Nusshälften leicht in den Teig drücken.
- ❂ Im vorgeheizten Backofen bei 175 °C (Umluft 155 °C) 50 bis 60 Min. backen. Mit dem Holzstab eine Garprobe machen. 15 Min. in der Form abkühlen lassen.
- ❂ Bananenbrot mit Pecannüssen mit Puderzucker bestäuben.

TIPP
Sie können das Bananenbrot auch im Voraus backen. In Alufolie gewickelt hält es sich 3 Tage frisch und schmeckt besonders saftig.

Unterwegs

Zauber-Ecken mit Käse

Ergibt 8 Stück

Für den Teig

400 g	Mehl (Type 405)
200 g	Butter, kalt, in Würfel geschnitten
½ TL	Salz
2–3 EL	kaltes Wasser

Für die Füllung

150 g	Appenzeller, gerieben
1	Möhre, geschält, geraspelt
150 g	geräucherte Bio-Putenbrust, in feine Streifen geschnitten
1 Bd.	Petersilie, gehackt
1 EL	Senf
1	Ei, verquirlt

- ✪ Mehl mit Butter, Salz und Wasser mit dem Knethaken zu einem glatten Teig verarbeiten. Teig halbieren, zu zwei Kugeln formen und 60 Min. kühl stellen.
- ✪ Für die Füllung Appenzeller, Möhrenraspel, Putenbrust und Petersilie mischen.
- ✪ Teigkugeln auf einer bemehlten Arbeitsfläche zu 2 Kreisen von jeweils 30 cm Durchmesser ausrollen. Beide Kreise in je 8 torten-stückförmige Dreiecke schneiden.

   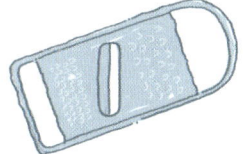 

- 8 Dreiecke in der Mitte mit etwas Senf bestreichen, dabei ringsum 1 cm Rand frei lassen. Füllung mit einem Löffel auf den mit Senf bestrichenen Dreiecken verteilen und leicht andrücken. Teigränder sparsam mit verquirltem Ei bepinseln.
- Auf jedes belegte Dreieck ein Dreieck als Deckel legen und mit einer Gabel am Rand andrücken.
- Die so entstandenen 8 gefüllten Zauber-Dreiecke auf ein mit Backpapier ausgelegtes Backblech legen, mit restlichem Ei bepinseln und die Deckel mit einer Gabel mehrmals einstechen. Im vorgeheizten Backofen bei 200 °C (Umluft 180 °C) 20 bis 25 Min. goldbraun backen.

TIPP
Für den Transport fest in Alufolie wickeln. Die Zauber-Ecken können Sie auch mit Parmaschinken und Rucola oder mit Tomaten und Mozzarella füllen.

Unterwegs

Partys und Feste

Auch kleine Leute feiern gerne große Feste und zwar mit allem Drum und Dran: Einladungen schreiben, Spiele planen, das Lieblingsessen aussuchen und beim Kinderkochen den Küchenchef spielen. Endlich können sich die kleinen Sterneköche austoben: Pizza-Gesichter aus Gemüse legen, Fruchtspieße in Pudding und Streusel tunken oder Äpfel im Schlafrock zaubern.

Das größte Fest des Jahres aber ist und bleibt der eigene Geburtstag. Die einen laden zu Räuber- und Piratenpartys ein, andere feiern lieber in zarteren Tönen. In den wilden Gefilden kommen deftige Bratwurst-Spieße, gefüllte Brotschlangen und Piraten-Bier auf den Tisch; das edle Buffet bei Hofe schimmert in zartem Rosa: vom Kuchen mit Glitzersternen über rosa Bowle bis zum Himbeer-Eis.

Zur Party gibt es coole Gemüse-Wraps und Piña Colada, die auch Kinder schon schlürfen dürfen. Während es bei der Halloween-Party mit Kürbismuffins und Gruseltrunk unheimlich zugeht, bringen Nonnenfürze und lustige Amerikaner die Gäste zu Fasching in Feierstimmung.

An Festtagen sind Kinder gerngesehene Helfer in der Küche: Da werden zu Ostern Dinkel-Hasen gebacken oder Weihnachten in der warmen Backstube zarte Schneesterne für den Christbaum gezaubert.

Kinder am Herd

*Wenn die kleinen Köche den Kochlöffel schwingen, kommen
fantasievolle Kreationen auf den Tisch. Setzen Sie den Gästen
beim nächsten Kindergeburtstag weiße Kochmützen auf,
denn selbst gekocht schmeckt alles nochmal so gut.*

Pizza für alle

Für vier runde Pizzableche

Für den Teig
500 g	Quark (20 %)
500 g	Weizenmehl (Type 1050)
2	Eier
1 Päck.	Backpulver
½ TL	Salz
8 EL	Distelöl

Für den Belag
2 EL	Distelöl
400 ml	Tomaten, passiert

Nach Geschmack
- Salami
- Gekochter Schinken
- Mais
- Paprika
- Champignons
- Oliven
- Zucchini
- frische Kräuter
- Mozzarella

- Quark mit Mehl, Eiern, Backpulver, Salz und Öl mit dem Knethaken zu einem geschmeidigen Teig kneten, in Folie wickeln und
  mind. 2 Std. kühl stellen.
- Teig in 4 Portionen teilen und nacheinander auf einer bemehlten
  Arbeitsfläche kreisförmig ausrollen. Eingefettete Pizzableche mit
  den Teigkreisen auslegen, Teig leicht mit Öl einpinseln.
- Passierte Tomaten auf dem Teig verstreichen.
- Pizzen nach Belieben belegen und im vorgeheizten Backofen bei
  200 °C (Umluft 180 °C) ca. 30 Min. backen.

TIPP
Lassen Sie die Kinder aus dem Belag lustige Gesichter legen: Augen aus
Oliven, Mund aus Paprika ... Die Kinder-Fantasie kennt keine Grenzen!

✗ Äpfel im Schlafrock

Ergibt 8 Portionen

Für den Teig
- 500 g Mehl (Type 405)
- 250 g Butter, gewürfelt
- 180 g Zucker
- 2 Eier

- 8 Äpfel (z. B. Boskop), geschält
- Saft 1 Zitrone

Für die Füllung
- 100 g Rosinen
- 50 g Walnüsse, gehackt
- 1 TL Zimt
- 1 TL Rohrzucker

Für die Dekoration
- 2 Eigelb
- 3 EL Milch

- ❂ Mehl mit Butter, Zucker und 2 Eiern zu einem glatten Teig verkneten, in Folie wickeln und 30 Min. kühl stellen.
- ❂ Mit einem Apfelausstecher Kerngehäuse der Äpfel entfernen. Äpfel mit Zitronensaft einreiben.
- ❂ Für die Füllung Rosinen, Walnüsse, Zimt und Zucker vermengen und mit einem Teelöffel in die Äpfel füllen.
- ❂ Teig zu einem großen Rechteck ausrollen und 8 Quadrate (15 x 15 cm) ausschneiden. Äpfel in die Mitte der Quadrate setzen und Teig mit den vier Spitzen nach oben klappen. Seitenteile zusammendrücken und Äpfel auf ein mit Backpapier ausgelegtes Backblech setzen.
- ❂ Eigelb mit Milch verrühren und Teig damit bepinseln.
- ❂ Äpfel im Schlafrock im vorgeheizten Backofen bei 180 °C (Umluft 160 °C) ca. 40 Min. goldbraun backen.

TIPP
Dazu passt eine selbst gemachte Vanillesauce (siehe Rezept Seite 75) oder eine Kugel Vanilleeis.

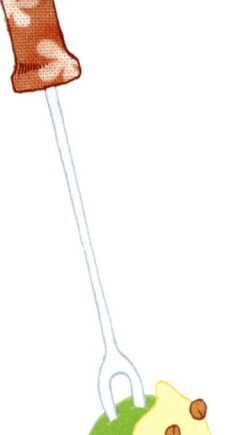

Früchte-Fondue

Ergibt 6–8 Portionen

Für den Vanillepudding

250 ml Vollmilch
　1 EL Speisestärke
　½ Vanilleschote, längs aufgeschnitten
　2 EL Zucker
　3 EL Milch

500 g frisches, vorbereitetes Obst (z. B. Ananasstücke, Apfel- und
　　　Birnenstücke, Erdbeeren, Weintrauben)

Für die Streusel

30 g Haselnüsse, gehackt und leicht geröstet
30 g Kokosraspel
30 g Sesamsamen
30 g Haferflocken
30 g Schokoladenstreusel

　Cocktailspieße

- Für den Pudding 3 EL Milch mit der Speisestärke verrühren. Restliche Milch mit der Vanilleschote aufkochen, vom Feuer nehmen und 20 Min. ziehen lassen.
- Vanilleschote entfernen, Zucker in die Vanillemilch geben und Milch erneut aufkochen. Verrührte Speisestärke in die Milch rühren, kurz aufwallen lassen und Topf sofort vom Feuer nehmen. Pudding mit Frischhaltefolie bedecken und erkalten lassen. Den kalten Pudding mit 3 EL Milch cremig aufschlagen.
- Pudding, Früchte und Streusel getrennt in kleine Schüsseln oder Schälchen füllen.
- Obststücke auf Cocktailspieße stecken, in den Pudding und anschließend in die Streusel tauchen.

Für Ritter, Räuber & Piraten

Wilde Kerle brauchen Zünftiges auf dem Teller.
Am liebsten genießen die kleinen Abenteurer Speis und
Trank direkt am Lagerfeuer. Danach geht's gestärkt zur
Nachtwanderung mit brennenden Fackeln.

Räuberspieße mit Erdnuss-Dip

Ergibt 6 Portionen

  2 rote Paprikaschoten, geviertelt
  6 Bio-Geflügel-Bratwürste, in 2 cm lange Stücke geschnitten

Für den Dip

150 g Erdnussbutter
50 ml Bio-Gemüsebrühe
3 EL Limettensaft
1 EL Bio-Sojasauce
1 EL süßsaure Chilisauce

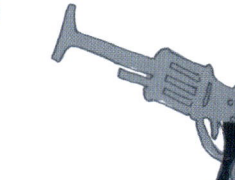

12 Metallspieße

- Paprikaviertel halbieren und abwechselnd mit den Bratwurst-Stücken auf die Spieße stecken.
- Für den Dip Erdnussbutter mit Brühe, Limettensaft, Sojasauce und Chilisauce vermischen.
- Bratwürste auf dem Grill oder über dem Lagerfeuer rundherum grillen.

TIPP
Sie können natürlich auch andere Bratwürste (z. B. aus Lamm)
verwenden.

Gefüllte Brotschlange

Ergibt etwa 8 Portionen

Für den Teig

200 g	Mehl (Type 550)
50 g	Weizenvollkornmehl
½ Würfel	frische Hefe
125 ml	lauwarmes Wasser
1 EL	Zucker
5 g	Salz
2 EL	Öl

Für die Füllung

1	Eiweiß
1	Lauchzwiebel, in Ringe geschnitten
1	Möhre, in kleine Würfel geschnitten
1 Bd.	Schnittlauch, in Röllchen geschnitten
1 Bd.	Petersilie, gehackt
2	Frankfurter Würstchen, in Scheiben geschnitten
80 g	Gouda, gerieben
80 g	Crème fraîche
2 EL	Ketchup (siehe Seite 60)

Für die Dekoration

1	Eigelb
1 EL	Milch
2 EL	Sesam
½	Möhre, längs in Streifen geschnitten

- Mehl in eine Schüssel geben und mit einem Löffel eine Mulde formen. Hefe in Wasser auflösen und mit Zucker und Salz in die Mulde gießen. Öl zugeben und mit dem Knethaken zu einem geschmeidigen Teig kneten. Zugedeckt an einem warmen Ort ca. 60 Min. gehen lassen, bis sich das Volumen verdoppelt hat.
- Teig aus der Schüssel nehmen und auf einer bemehlten Arbeitsfläche zu einem Rechteck von ca. 50 x 20 cm ausrollen.
- Teigrechteck mit Eiweiß bestreichen. Für die Dekoration 3 EL Schnittlauch beiseitestellen. Lauchzwiebel, Möhre, Kräuter, Würstchen, Käse, Crème fraîche und Ketchup verrühren.
- Füllung auf den Teig geben, dabei rundherum 1½ cm Rand lassen. Teig von der längeren Seite vorsichtig aufrollen, die Enden etwas dünner formen.
- Teigrolle auf ein gefettetes Backblech legen und zu einer aufgerollten Schlange formen. Eigelb mit Milch verquirlen und Schlange damit bepinseln. Mit Sesam und 1 EL Schnittlauch bestreuen und im vorgeheizten Backofen bei 200 °C (Umluft 180 °C) ca. 25 bis 30 Min. goldbraun backen.
- Schlange aus dem Ofen nehmen und abkühlen lassen. Aus einem Möhrenstreifen eine Schlangenzunge sowie zwei Augen ausschneiden. Übrige Streifen kleinschneiden. Schlange an einem Ende mit Zunge und Augen verzieren und mit restlichem Schnittlauch und Möhrenstückchen bestreuen.
- Gefüllte Brotschlange in Scheiben schneiden und servieren.

Piraten-Bier

Ergibt 10 Gläser

1 l	Ananassaft
600 ml	Malzbier
400 ml	Mineralwasser
	Eiswürfel

- Saft auf die Gläser verteilen. Mit Malzbier und Mineralwasser vorsichtig auffüllen. Eiswürfel zugeben.
- Piratenbier mit Strohhalmen servieren.

Für Prinzessinnen & Feen

*Wenn kleine Prinzessinnen ein Fest geben, schillern
auch die servierten Speisen und Getränke von pink bis flieder.
Diese Köstlichkeiten schmecken allen.*

Prinzessinnenkuchen mit Glitzersternen

Für eine Gugelhupf-Form

Für den Teig

250 g	Butter, zimmerwarm
100 g	Zucker
150 g	Marzipanrohmasse, grob gerieben
5	Eier
200 g	Mehl
100 g	Speisestärke
	Backpulver
	Salz
100 g	Mandeln, gemahlen
150 ml	Milch

Für die Dekoration

200 g	Puderzucker
80 g	Marzipanrohmasse
2 EL	Holunder- oder Johannisbeersaft
1 EL	Zuckerperlen, silber
6	Steckdrähte (Bastelladen)
	kleine Plätzchenausstecher in Sternform

- Butter und Zucker schaumig rühren, bis eine helle Creme entsteht. Marzipanraspeln unterrühren. Eier nach und nach dazugeben und weiterrühren.
- Mehl mit Stärke, Backpulver, Salz und Mandeln mischen und abwechselnd mit der Milch unter den Teig rühren.
- Teig in eine gefettete Gugelhupf-Form füllen und im vorgeheizten Backofen bei 180 °C (Umluft 160 °C) 50–60 Min. backen.
- Kuchen abkühlen lassen und vorsichtig auf ein Kuchengitter stürzen. Mit 2 EL gesiebtem Puderzucker bestäuben.
- Für die Dekoration 60 g Puderzucker mit dem Marzipan verkneten. Marzipan zwischen zwei Lagen Frischhaltefolie ca. 3 mm dünn ausrollen. Mit der Sternchenform ca. 15 Sterne ausstechen.
- 130 g Puderzucker mit Holundersaft zu einem dicken Guss verrühren. Etwas Guss abnehmen und in einen kleinen Gefrierbeutel füllen. Eine kleine Ecke abschneiden und Sterne mit dem Guss verzieren. Trocknen lassen.
- Restlichen Guss über den Kuchen geben. Sechs Sterne auf Drähte setzen und in den Kuchen stecken. Übrige Sterne andrücken und Kuchen mit Zuckerperlen bestreuen.

TIPP
Der Kuchen lässt sich variieren, z. B. mit Schokostückchen, gehackten Nüssen oder Schattenmorellen aus dem Glas.

Rosa Bowle

Ergibt 10 Gläser

300 g	Himbeeren, frisch oder aufgetaut
1	Bio-Zitrone, in dünne Scheiben geschnitten
70 ml	Himbeersirup
500 ml	Orangensaft
750 ml	schwarzer Johannisbeersaft
500 ml	Mineralwasser

- Himbeeren und Zitronenscheiben in einen Saftkrug geben, mit Sirup, Saft und Mineralwasser auffüllen.
- Rosa Bowle gut umrühren und kalt servieren.

Himbeereis am Stiel

Ergibt 10 Stück

250 g	Himbeeren, frisch oder gefroren
250 g	Naturjoghurt
	Mark von 1 Vanilleschote
2 EL	Rohrzucker
10	Förmchen für Eis am Stiel (z. B. Tupperware)

- Himbeeren mit Joghurt, Vanilleschote und Zucker pürieren.
- Püree in Eisförmchen füllen und mind. 6 Std. im Eisschrank gefrieren.

TIPP

Das Eis lässt sich auch mit Erdbeeren oder anderen frischen oder gefrorenen Beeren herstellen.

Kinder-Fete

Wenn Kinder an ihrem Geburtstag so richtig abfeiern wollen,
sind passende Snacks angesagt. Und natürlich echte Cocktails.
Da geht im Partykeller die Post ab!

Gemüse-Wraps
Ergibt 10 Stück

4	kleine Äpfel, entkernt und gewürfelt
200 g	Frischkäse mit Joghurt
	Salz
	Pfeffer aus der Mühle
4 EL	Zitronensaft
10	Tortilla-Fladen (à 18 cm Durchmesser)
1	Salatgurke, geschält, in Stifte geschnitten
3	Möhren, geschält, in Stifte geschnitten
1	Kohlrabi, geschält, in Stifte geschnitten

- Apfelwürfel mit Frischkäse, Salz, Pfeffer und Zitronensaft vermengen.
- Tortillas mit dem Apfel-Frischkäse bestreichen und Gemüse-stifte in einer Reihe auflegen. Tortillas am unteren Ende über das Gemüse schlagen und von der Seite fest aufrollen.
- Gemüse-Wraps bis zum Verzehr in Frischhaltefolie gewickelt kühl stellen.

TIPP
Die Gemüse-Wraps sind auch ein idealer Begleiter für Picknicks oder als Pausen-Snack für die Schule.

⅄ Piña Colada Junior

Ergibt 10 Gläser

200 g	Sahne
1½ l	Ananassaft
400 ml	Kokosmilch
	Eiswürfel
2	frische Ananasscheiben, geschält

- ○ Sahne, Saft und Kokosmilch mit Eiswürfeln im Mixer mixen. Ein paar Eiswürfel in die Gläser verteilen und mit der fertigen Piña Colada auffüllen.
- ○ Ananasscheiben jeweils in 5 Stücke schneiden, leicht einschneiden und auf die Gläser stecken.
- ○ Piña Colada mit Strohhalm servieren.

Halloween

*Jetzt wird's gruselig! Hexen, Vampire und andere
kleine Monster geistern um das Party-Buffet und
suchen nach »schaurigen« Leckereien.*

Kürbismuffins

Ergibt 12 Muffins

150 g	Butter, zimmerwarm
150 g	Zucker
2	Eier, leicht verquirlt
300 g	Mehl
2 TL	Backpulver
½ TL	Salz
1 Päck.	Vanillezucker
1 TL	Zimt
½ TL	geriebene Muskatnuss
1 Msp.	gemahlene Nelken
1 Msp.	gemahlener Ingwer
400 g	Kürbis, geraspelt (z. B. Hokkaido)
100 g	Rosinen
	Puderzucker
1	12er Muffinblech
	Papierförmchen

- Butter, Zucker und Eier schaumig rühren. Mehl mit Backpulver,
  Salz, Vanillezucker und Gewürzen mischen und mit einem
  Holzlöffel unter die Eiermasse heben. Kürbis und Rosinen
  unterziehen und den Teig in die mit Papierförmchen ausgelegte
  Muffinform füllen.
- Muffins im vorgeheizten Backofen bei 180 °C (Umluft 160 °C)
  ca. 25–30 Min. backen.
- Kürbismuffins aus dem Ofen nehmen, abkühlen lassen und
  mit Puderzucker bestäuben.

Gruseltrunk

Ergibt etwa 10 Gläser

10	gruselige Gummibärchen (z. B. Vampire)
1 l	roter Früchtetee
1 l	Maracujasaft
100 ml	Mineralwasser
1 EL	Honig

Eiswürfelform

- ☸ Gummibärchen-Vampire in Eiswürfelbehälter legen, mit Wasser auffüllen und einfrieren.
- ☸ Tee mit Saft und Mineralwasser mischen, mit Honig süßen und abkühlen lassen.
- ☸ Gruseltrunk in Becher füllen und je einen Gummibärchen-Vampir aus Eis hinzufügen.

Fasching

*Bei Helau und Alaaf dürfen die Fastnachtsklassiker
nicht fehlen. Die sehen nicht nur lustig aus,
sondern schmecken auch wunderbar.*

Nonnenfürze

Ergibt etwa 50 Stück

Für den Teig
250 ml Milch
1 Prise Salz
60 g Butter
150 g Dinkel-Mehl (Type 630)
4 Eier
1 Msp. Backpulver

Zum Frittieren
1½ l Sonnenblumenöl
Für die Dekoration
Puderzucker

- Milch mit Salz und Butter kurz aufkochen, Topf vom Feuer nehmen. Mehl auf einmal hinzugeben und mit einem Holzlöffel verrühren. Topf wieder auf den Herd stellen und so lange weiterrühren, bis sich der Teigkloß vom Topfboden löst. 1 Ei unterrühren und Topf vom Herd nehmen, etwas abkühlen lassen.
- Teig in eine Rührschüssel geben und übrige Eier nach und nach mit dem Knethaken unterkneten. Der Teig sollte glänzen und schwer reißend vom Löffel fallen. Zum Schluss Backpulver vorsichtig unterziehen.
- Öl in einem großen Topf erhitzen. Das Öl hat die richtige Hitze, wenn sich an einem eingetauchten Holzlöffel kleine Bläschen bilden. Teig in einen Spritzbeutel mit mittlerer Tülle füllen und kleine Portionen in das heiße Fett spritzen.
- Nonnenfürze goldbraun ausbacken, mit dem Schaumlöffel aus dem Fett nehmen, auf Küchenkrepp abtropfen lassen und mit Puderzucker bestäuben.

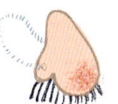

Lustige Amerikaner

Ergibt 12 Stück

Für den Teig
- 70 g Butter, zimmerwarm
- 90 g Zucker
- ½ Päck. Vanillezucker
- 2 Eier
- 250 g Mehl
- 2 TL Backpulver
- 1 Prise Salz
- 125 ml Milch

Für die Dekoration
- 175 g Puderzucker
- 1–2 EL heißes Wasser
- Kakao
- Johannisbeersaft
- Smarties

- ☼ Butter mit Zucker und Vanillezucker schaumig schlagen. Eier nach und nach unterrühren. Mehl mit Backpulver und Salz vermengen und abwechselnd mit der Milch zur Eiermasse geben und weiterrühren. Die Masse sollte nicht zu flüssig werden.
- ☼ Mit 2 Esslöffeln kleine Teighäufchen auf das gefettete Backblech setzen, dabei ausreichend Abstand lassen.
- ☼ Amerikaner im vorgeheizten Backofen bei 200 °C (Umluft 180 °C) ca. 15 Min. hellbraun backen.
- ☼ Für den Guss 150 g Puderzucker mit 1 EL Wasser glattrühren und Amerikaner auf der flachen Seite damit bestreichen. Trocknen lassen.
- ☼ Übrigen Puderzucker mit einigen Tropfen Wasser verrühren und mit Kakao oder Johannisbeersaft einfärben. Amerikaner nach Belieben mit buntem Guss und Smarties dekorieren.

TIPP
Besonders beliebt sind lustige Gesichter zu Fasching wie Clowns, Piraten oder Prinzessinnen.

Ostern

An Ostern sind alle auf Eier-Suche. Verstecken Sie die Eier
zur Abwechslung im herzhaften Kuchen! Und fürs Osternest backen
Sie gemeinsam mit den Kindern gesunde Hasen-Kekse.

Dinkel–Hasenkekse

Ergibt etwa 50 Stück

150 g	Butter, zimmerwarm
75 g	brauner Zucker
1	Ei
1	Eigelb
250 g	Dinkelmehl (Type 630)
1 TL	Backpulver
1 EL	Zimt
1 Msp.	Muskatnuss, gemahlen
1 Prise	Salz
1	Ei, verquirlt

Plätzchen-Ausstecher in Hasenform

- Butter, Zucker, Ei und Eigelb schaumig rühren. Mehl mit Backpulver, Gewürzen und Salz mischen und unter die Eiermasse rühren. Mit den Knethaken schnell zu einem geschmeidigen Teil kneten. In Frischhaltefolie wickeln und 60 Min. kühl stellen.
- Teig auf einer bemehlten Arbeitsfläche 2–3 mm dünn ausrollen. Plätzchen ausstechen und auf ein mit Backpapier ausgelegtes Backblech setzen. Mit verquirltem Ei bestreichen und im vorgeheizten Backofen bei 200 °C (Umluft 180 °C) ca. 12 Min. backen.

TIPP
Diese Kekse können Sie auch auf Vorrat backen. In Blechdosen aufbewahrt halten sie sich 4–6 Wochen.

Partys und Feste

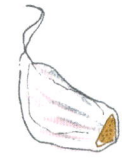

Spinatpastete mit Ricotta

Für eine Springform von 26 cm Durchmesser

Für den Teig

300 g	Weizenmehl (Type 1050)
100 g	Weizenvollkornmehl
2	Eier
200 g	kalte Butter, gewürfelt
½ TL	Salz
2–3 EL	eiskaltes Wasser

Für die Füllung

1 EL	Butter
1	Zwiebel, gewürfelt
2	Knoblauchzehen, gewürfelt
650 g	TK-Blattspinat
100 ml	Wasser
200 g	Ricotta
2	Eier
100 g	Parmesan, gerieben
75 g	Pinienkerne, leicht geröstet
	Salz und schwarzer Pfeffer aus der Mühle
	Muskatnuss, gerieben

2 EL	Semmelbrösel
6	Eigelb
2 EL	Milch

- Mehl, Eier, Butter, Salz und Wasser mit dem Knethaken zu einem glatten Teig kneten, in Folie wickeln und mind. 30 Min. kühl stellen.
- Für die Füllung Butter in einem Topf erhitzen, Zwiebel und Knoblauch darin andünsten. Spinat und Wasser dazugeben und dazugedeckt ca. 15 Min. bei mittlerer Hitze garen.
- Spinat 5 Min. bei offenem Deckel weiterköcheln lassen, bis alle Flüssigkeit verdampft ist. Ricotta, Eier, Parmesan und Pinienkerne unterrühren und mit Salz, Pfeffer und Muskatnuss würzen.
- $\frac{2}{3}$ der Teigmasse auf einer bemehlten Arbeitsfläche zu einem Kreis von ca. 34 cm Durchmesser ausrollen. Teig in eine gefettete Springform legen und am Rand ca. 4 cm hoch andrücken. Boden mit einer Gabel mehrfach einstechen und mit Semmelbröseln bestreuen.
- Spinatmasse in die Form geben. Mit einem Löffel 6 Mulden in die Masse drücken und jeweils 1 Eigelb hineingleiten lassen.
- Restlichen Teig auf der bemehlten Arbeitsfläche zu einem Kreis von 26 cm Durchmesser ausrollen und als Deckel auf die Spinatmasse legen. Teigränder zusammendrücken.
- In die Deckelmitte mit dem Messer ein kleines Loch schneiden. Deckel mit Milch bepinseln und Spinatkuchen im vorgeheizten Backofen bei 200 °C (Umluft 180 °C) 50 bis 60 Min. goldbraun backen. Pastete nach 30 Min. mit Alufolie abdecken.
- Spinatpastete aus dem Ofen nehmen, abkühlen lassen und aus der Form nehmen.

Weihnachtszeit

In der kalten Jahreszeit sind Kinder besonders gerne
in der warmen Küche. Es duftet ganz herrlich. Also Schürze
angezogen, Ärmel hochgekrempelt und auf geht's
in die Backstube.

Gingerbreadmen

Ergibt 10 Stück

Für den Teig
100 g	Butter, zimmerwarm
100 g	Zucker
2 EL	Zuckerrübensirup
1	Eigelb
30 g	eingelegter Ingwer aus dem Glas
1 TL	gemahlener Ingwer
225 g	Mehl (Type 405)

Für die Dekoration
100 g	Puderzucker
1 EL	Zitronensaft
	Lebkuchen-mann-Ausstecher (Haushaltsbedarf)

- Butter und Zucker schaumig rühren. Zuckerrübensirup und Eigelb dazugeben und unterrühren.
- Ingwerstücke durch eine Knoblauchpresse drücken und zusammen mit dem Ingwerpulver zur Buttermasse geben. Mehl zufügen und alles mit dem Knethaken zu einem glatten Teig kneten. In Folie wickeln und 30 Min. kühlen.
- Teig auf einer bemehlten Arbeitsfläche etwa 3 mm dick ausrollen. Figuren ausstechen und auf ein mit Backpapier ausgelegtes Backblech setzen.
- Gingerbreadmen im vorgeheizten Backofen bei 175 °C (Umluft 155 °C) 10 bis 15 Min. backen.
- Für die Verzierung Puderzucker mit Zitronensaft zu einem dicken Guss verrühren. In einen Gefrierbeutel füllen, eine Ecke abschneiden und die Konturen der Figuren mit dem Zuckerguss nachzeichnen.

TIPP
Einzeln in Folie verpackt sind diese Lebkuchenmänner ein feines Geschenk!

✗ Weiße Schneesterne für den Tannenbaum

Ergibt ca. 25 Stück

500 g	Puderzucker, gesiebt
2	Eiweiß von Bio-Eiern

Für die Dekoration

	bunte, silberne und goldene Zuckerperlen
1 EL	Puderzucker
	Geschenkband aus Samt, Seide oder Stoff

- ☸ Puderzucker mit Eiweiß mit dem Schneebesen zu einer glatten Masse rühren.
- ☸ Masse portionsweise in einen Spritzbeutel mit mittlerer Stern-tülle füllen und verschiedene Motive (z. B. Sterne, Herzen) auf zwei mit Backpapier ausgelegte Backbleche spritzen. Sofort mit Liebesperlen verzieren.
- ☸ Schneesterne und -herzen bei Raumtemperatur mind. 2 Tage trocknen lassen. Mit Puderzucker bestäuben und mit Schleifen-bändern an den Tannenbaum oder Tannenzweige hängen.

TIPP

Packen Sie die Sterne einzeln in Cellophantütchen und binden Sie ein buntes Samtband darum. Fertig ist das weihnachtliche Mitbringsel.

Kranke Hasen

Sind die Kleinen matt und müde, bringt sie die besondere
Medizin aus Mamas Homemade-Küche wieder auf die Beine.

Gegen Husten, Schnupfen, Heiserkeit helfen seit jeher selbst
gebrauter Erkältungstee und eine echte Hühnerbrühe.
Bauchweh verfliegt mit Salzstangen der Marke Homemade,
gegen Seelenschmerzen helfen Honig-Karamellen. Und wer mit
eingegipstem Arm auf dem Sofa liegt, bekommt den nahrhaften
Nuss-Flip mit Strohhalm und Serviette serviert.

Husten, Schnupfen, Heiserkeit

Die Nase tropft, der Hals ist wund und alles tut so richtig weh ...
Da heißt es: ab unter die Decke und sich von Mama
rundum verwöhnen lassen.

Erkältungstee

   10 g Lindenblüten
   10 g Melissenblätter
   10 g Hagebutten
    5 g Erdbeerblätter
    5 g Brombeerblätter
    5 g Holunderblüten
    5 g Fenchelsamen

- Alle Zutaten mischen und in eine Dose füllen.
- Für eine Tasse Erkältungstee 2 TL der Teemischung mit 150 ml siedendem Wasser übergießen und zugedeckt 20 Min. ziehen lassen. Durch ein Sieb abgießen und nach Bedarf mit Honig süßen.
- Bei akuter Erkältung 3x täglich ein Tasse Erkältungstee trinken.

Echte Hühnerbrühe

Ergibt ca. 3 Liter

1	Hähnchen (ca. 1,4 kg), küchenfertig
2	Lorbeerblätter
4	Nelken
2	Zwiebeln
½	Knollensellerie, geschält, in grobe Würfel geschnitten
2	Möhren, in grobe Stücke geschnitten
½ Stange	Lauch, in grobe Stücke geschnitten
½ Bd.	Petersilie, gezupft
1 TL	Pfefferkörner
1 EL	Salz

- ☺ Hähnchen innen und außen mit Wasser abspülen und in einen großen Topf geben.
- ☺ Lorbeerblätter mit je 2 Nelken auf die ungeschälten Zwiebeln stecken. Mit Sellerie, Möhren, Lauch und Petersilie in den Topf geben und mit kaltem Wasser auffüllen, bis alles bedeckt ist. Pfeffer und Salz zugeben und ohne Deckel zum Kochen bringen. Anschließend Suppe zugedeckt 90 Min. leicht köcheln lassen. Schaum regelmäßig abschöpfen.
- ☺ Huhn aus dem Topf nehmen und zur weiteren Verwendung beiseitestellen. Brühe durch ein feines Sieb in einen zweiten Topf gießen.
- ☺ Echte Hühnerbrühe nach Bedarf mit Salz und Pfeffer abschmecken und heiß trinken.

TIPP

Das gekochte Huhn lässt sich kleingeschnitten in die Brühe geben oder für Hühnerfrikassee verwenden. Die Brühe kann man auch durch Suppen- oder Glasnudeln oder Gemüse ergänzen.

Kranke Hasen

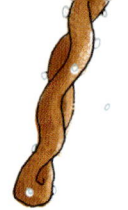

Bauchweh

Wenn der Bauch zwickt, sind Salzstangen ein bewährtes Hausmittel.
Selbst gemacht schmecken sie nochmal so gut.

Salzstangen Homemade[H]

Ergibt 15 Stangen

250 g	Mehl (Type 550)
5 g	frische Hefe
5 g	Salz
175 ml	Wasser

Für die Dekoration
grobes Meersalz

- Mehl in eine Schüssel geben und Hefe mit den Händen in das Mehl reiben. Salz und Wasser dazugeben und mit dem Knethaken zu einem glatten Teig kneten. An einem warmen Ort zugedeckt 60 Min. gehen lassen, bis sich das Volumen verdoppelt hat.
- Teig auf eine bemehlte Arbeitsfläche heben und zu einem Rechteck von 15 x 30 cm ausrollen. In 15 jeweils 1 cm breite Streifen schneiden. Jeden Streifen in sich verzwirbeln und auf ein mit Backpapier ausgelegtes Backblech legen. Mit Meersalz bestreuen und 20 Min. zugedeckt gehen lassen.
- Salzstangen im vorgeheizten Backofen 8–10 Min. goldbraun backen.

TIPP
Statt Salz können Sie auch Sesam oder Mohn auf die Stangen streuen.

Seelenschmerz & Heimweh

*Mit der besten Freundin gestritten, das Fußballmatch
verloren oder das erste Mal allein im Zeltlager?
Da braucht es etwas, das traurige Seelen wieder aufpäppelt.*

Honig-Karamellen

Ergibt ca. 60 Stück

230 g Zucker
200 g Sahne
2 EL   Milch
125 g Honig
       Mark von einer Vanilleschote

Silikon-Eiswürfelbehälter (in Herzform)

- Zucker, Sahne, Milch, Honig und Vanillemark in einer beschichteten Pfanne erhitzen und 15 Min. köcheln lassen.
- Die Masse in die Eiswürfelbehälter gießen und abkühlen lassen. Honig-Karamellen aus der Form lösen und einzeln in Zellophanpapier wickeln.

TIPP
Falls Sie keine Eiswürfelbehälter zur Hand haben, können Sie die Masse auch in eine 20 x 20 cm große flache Form gießen, die Sie mit Alufolie auslegen und mit flüssiger Butter bepinseln. Bonbonmasse abkühlen lassen, auf ein Brett stürzen, Folie abziehen und mit einem mit flüssiger Butter bepinselten Messer in Würfel schneiden.

Zwiebackpizza

Ergibt 4 Portionen

6	Eier
250 ml	Milch
2	Knoblauchzehen, zerdrückt
	Salz & Pfeffer aus der Mühle
2 EL	Rapsöl
16 Scheiben	Zwieback

Für den Belag

2 EL	Olivenöl
1	rote Paprikaschote, entkernt, in Streifen geschnitten
4	Schalotten, geschält, in Ringe geschnitten
1	Stange Lauch, geputzt, in Ringe geschnitten
100 g	Bio-Salami, gewürfelt
	Salz & Pfeffer aus der Mühle
100 g	Emmentaler, gerieben

- Eier, Milch und Knoblauch verrühren, mit Salz und Pfeffer würzen.
- Öl in einer beschichteten Pfanne erhitzen, 4 Zwiebäcke hineinlegen, mit einem Viertel der Eiermilch übergießen und von beiden Seiten goldbraun backen. Die Zwiebackpizza dazu mit Hilfe eines Tellers wenden. 3 weitere Pizzen genauso zubereiten und auf ein mit Backpapier ausgelegtes Backblech legen.
- Für den Belag Öl in einer Pfanne erhitzen, Gemüse und Salami darin 10 Min. dünsten, mit Salz und Pfeffer würzen.
- Gemüsemischung auf die Pizzen verteilen, mit Käse bestreuen und im vorgeheizten Backofen bei 200 °C (Umluft 180 °C) 10 Min. überbacken.

Gipsarm

Wenn der Arm in der Schlinge liegt,
hilft der Kraftdrink aus dem Strohhalm.

Nuss–Flip

Ergibt 1 Glas

100 g Naturjoghurt
50 ml Vollmilch
2 EL Sahne
1 TL Kakaopulver
2 TL Vanillezucker
2 EL Haselnüsse, gemahlen

○ Alle Zutaten mit dem Mixer pürieren und 30 Min. kühl stellen.
Mit dickem Strohhalm servieren.

Der gute Griff ins Regal

Gute Küche braucht gute Zutaten. Trotz des breiten Angebots in Supermärkten wird die Auswahl schmackhafter und zugleich gesunder Zutaten immer schwerer. Erfahrene Einkäufer schützen sich vor Mogelpackungen und Fehlkäufen durch einen geschulten Blick auf die richtige Zutat beim Kochen und Backen.

Salz

Salz ist nicht gleich Salz. Es unterscheidet sich in Farbe, Textur, Inhaltstoffen, Geschmack und Preis. Neben industriell produziertem, raffiniertem Salz mit zugesetztem Jod, Fluorid oder Rieselhilfe bieten Supermärkte auch besseres Natursalz wie z. B. feines Meersalz, Steinsalz oder Siedesalz mit natürlichen Mineralien und Spurenelementen (z. B. Jod und Fluor) an. Hier lohnt es sich, vor dem Kauf die Inhaltsstoffe zu studieren. In der Regel genügt zum Kochen und Braten ein Meer- oder Steinsalz, etwa für Nudeln und Gemüse, ein mittelpreisiges Salz für Fleisch und Fisch und ein Edelsalz wie z. B. Fleur de Sel zum sparsamen Einsatz und zum Veredeln von Fisch, Fleisch und Gemüse.

Greifen Sie zu Salz ohne chemische Zusätze.

Zucker

Weißer Zucker ist aufwendig raffiniert; er enthält weder Vitamine noch Mineralstoffe, aber auch keine Umweltgifte. Er liefert einfach nur leere Kalorien. Zucker kann – vor allem bei Kindern – gesundheitsschädlich sein, das hängt jedoch allein von der Menge ab. Die Warnung gilt also auch für den im Handel angebotenen braunen Zucker – der inhaltsstoffreichste wird aus Zuckerrohrsaft hergestellt. Gesund ist allein: weniger Zucker! Alternativ kann z. B. deutscher Imkerhonig verwendet werden. Er besteht zu etwa 80 % aus Trauben- und Fruchtzucker, Vitaminen und Mineralstoffen, der Rest ist Wasser.

Achtung bei »zuckerfreien« oder zuckerreduzierten Nahrungsmitteln: Unser Haushaltszucker wird aus der Zuckerrübe bzw. aus Zuckerrohr hergestellt und ist auf Verpackungen deklarierungspflichtig. Dagegen gelten Trauben-, Frucht- und Malzzucker oder Glucosesirup nicht als Zucker. Sie können daher als »zuckerfrei« verkauft werden.

Gehen Sie mit Weißzucker eher sparsam um und verzichten Sie auf Produkte mit Süßstoff.

Mehl

Alle Mehlsorten gibt es in der Bio-Variante und in verschiedenen Ausmahlgraden. Die lassen sich am Mehltyp erkennen: ist er hoch (z. B. Type 1050), enthält das Mehl reichlich äußere Randschichten des Korns, ist er niedrig (z. B. Type 405), fehlen sie fast vollständig. Dann ist auch der Gehalt an Vitaminen, Mineral- und Ballaststoffen niedrig. Bei Auswahl und Verwendung der Typen zählt »Know-how« und Erfahrung. Grundsätzlich gilt

Weizenmehl
405 für Feingebäck und Kuchen
550 für helles Kleingebäck, Brötchen
812 für dunkles Kleingebäck
1050 für Graubrote, dunklere Weizenbrote, pikante Kuchen, Pizza
1600 Backschrot, für Schrotbrote
Weizenvollkornmehl für Vollkornbrot- und Brötchen, rustikale Kuchen

Dinkelmehl
630 für Gebäck, Mischbrote, Saucen, Knödel, Spätzle
Dinkelvollkornmehl für Vollkornbrote, Vollkorn-Spätzle

Roggenmehl
815 für helles Kleingebäck
997 für helle Roggenbrote
1150 für kräftige Graubrote
1370 für kräftige Mischbrote
1740 Backschrot für Schrotbrote

Spezialmehle
Spätzle- und Pastamehl aus Weichweizen-Mehl und Hartweizengrieß

Mischen Sie verschiedene Mehlsorten, bis Sie Ihre Idealmischung für Brot, Brötchen, Kuchen und Gebäck gefunden haben.

Butter/Margarine

Butter wird aus Milch, Margarine in der Regel aus Pflanzenöl gewonnen. Was gesünder ist, darüber wird eifrig gestritten. Gute Butter trägt das Gütesiegel »Deutsche Markenbutter« oder ein Bio-Siegel. Sie hat einen Fettanteil von 82 % und enthält natürliches Eiweiß, Milchzucker, Lezithin, Vitamine und Mineralstoffe.

Gute Pflanzenmargarine besteht zu 97 % aus raffiniertem Öl einer einzigen Pflanzenart, mehr als 50 % der Fettsäuren sollten dabei unverändert sein. In der Regel werden die Vitamine A, D und E zugesetzt. Hier gilt es die Inhaltsangabe zu lesen.

Butter schmeckt gehaltvoller als Margarine. *Butterfett* – hierbei werden Eiweiß und Restflüssigkeiten ausgeschmolzen – ist ein hochwertiges Produkt zum Braten, Frittieren und Kochen.

*Fass- oder Bio-Butter zählen zu den besten Butter-Qualitäten.
Wählen Sie Pflanzenmargarine aus reinem Pflanzenöl.*

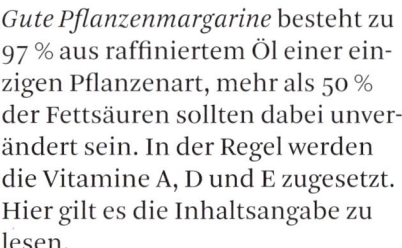

Eier

Eier tragen verbraucherfreundliche Bezeichnungen auf den Packungen, so dass Herkunft, Haltungssystem und Mindesthaltbarkeitsdatum eindeutig zu erkennen sind. Auch auf jedem einzelnen Ei ist diese Ziffernfolge zu sehen. Dabei steht 0 = für Bio, 1 = für Freiland, 2 = für Bodenhaltung und 3 = für Käfighaltung. DE steht für Deutschland, AT für Österreich BE für Belgien usw. Es folgt eine Zahlenkombination aus sieben Ziffern, sie geben den Legebetrieb und den Stall an. So lässt sich jedes Ei bis zum Legestall zurückverfolgen. Machen Sie mit Kindern den Frischetest: Ein frisch gelegtes Ei kann nicht schwimmen. Wenn man es ins Wasser legt, sinkt es zu Boden.

Mit frischen Bio-Eiern sind Sie auf der sicheren Seite.

Milch und Milchprodukte

Milchprodukte sind wichtige Eiweiß-Lieferanten für den Körper. Am wertvollsten ist frische Bio-Milch mit natürlichem Fettgehalt (3,8 %). Weniger empfehlenswert dagegen entrahmte Magermilch (0,3 %), denn hier sind mit dem Fett auch wesentliche fettlösliche Vitamine (A, D, E und K) verlorengegangen.
Verzichtbar sind auch sämtliche fertigen Fruchtjoghurts, Puddings, Quarkspeisen oder spezielle Kinderprodukte. Sie enthalten meist viel zu viel Zucker und jede Menge Zusatzstoffe und künstliche Aromen. Fruchtjoghurt z. B. lässt sich mit frischem Obst und Honig selbst zubereiten und ein Pudding ist auch rasch selbst gekocht.

Die beste Milch ist grade gut genug!

Fleisch

Bei Fleisch und Geflügel gibt es große Qualitätsunterschiede. Besser ein kleineres hochwertiges Stück als ein Fleischberg zum Billigpreis. Und mit Bio-Fleisch stimmen nicht nur der Geschmack, sondern auch Tierhaltung und -ernährung. Fleisch sollte feinfaserig, gereift, saftig, zart und leicht marmoriert sein. Achten Sie beim Einkauf abgepackter Ware auf das QS- Prüfzeichen oder bei tiefgefrorener auf das Herkunftsland. Wählen Sie bei Geflügel die Handelklasse A, z. B. Deutsche Markenhähnchen vor anderen Produkten oder Geflügel-Einzelteilen. Vor Enttäuschungen bewahrt Sie in jedem Fall der Einkauf bei einem Metzger des Vertrauens.

Gefrorenes und tiefgefrorenes Fleisch oder Geflügel in einer Kühltasche transportieren, denn die Kühlkette sollte nicht unterbrochen werden.

Öl

Beim Kauf von Öl sollte man auf sortenreine Produkte achten. Die Wahl des Öls hängt davon ab, welche Gerichte damit zubereitet werden. Hier ist Geschmacksvielfalt gefragt. Oliven-, Sonnenblumen-,

Maiskeim- oder Distelöl mit ihren mehrfach ungesättigten Fettsäuren sind ideale Begleiter für Salate und Vorspeisen. Erdnuss- und Rapsöl sind zum Braten geeignet. Kaltgepresste Öle aus Nüssen oder besonderen Oliven enthalten viel Aroma und essenzielle Fettsäuren, lassen sich allerdings nicht sehr hoch erhitzen.

Kaltgeschlagene, sortenreine Öle sind stets die bessere Wahl.

Brot

Vollkornbrot ist lecker, gesund und sehr viel nahrhafter als Weißbrot. Es enthält alle wichtigen Inhaltsstoffe des vollen Korns und macht dank der Ballaststoffe länger satt. Am gesündesten ist immer selbst gebackenes (Vollkorn-)Brot oder Brote vom Bio-Bäcker. Vorsicht ist bei verpackten Broten vom Supermarkt oder Discounter geboten, denn sie enthalten oft gesundheitlich bedenkliche Zusatzstoffe wie Enzyme, Emulgatoren und Säuerungsmittel. Bäcker-Ketten backen zunehmend mit fertigen Backmischungen voller Zusatzstoffe. Oder sie backen tiefgefrorene Ware aus dem Ausland nur noch auf.

Lassen Sie sich beim Bäcker über die Inhaltsstoffe von Brot und Brötchen aufklären.

Obst/Gemüse

Für die meisten Obstsorten gibt es vorgeschriebene Klassen. Obst der Spitzenqualität trägt die Bezeichnung »Extra«, Klasse I lässt z. B. Schalenfehler zu (beschädigter Stiel), Klasse II ist noch marktfähig, d.h. Fehler in Form und Farbe sind zulässig. Für Gemüse gelten die gleichen Güteklassen, wobei mittelgroße und kleine Gemüsesorten oft schmackhafter und einfacher zu lagern sind als große Prachtexemplare. Kleinere Tomaten haben z. B. mehr Karotin und Vitamin C, Kohlsorten büßen mit zunehmender Größe an Eiweiß, Vitaminen und Karotin ein. Die Belastung an Spritzmitteln selbst bester Qualität ist zum Teil hoch. Greifen Sie deswegen am besten zu Bio-Produkten, da Obst und Gemüse teilweise roh gegessen werden.

Greifen Sie bei Obst und Gemüse auf frische, unbelastete Bioware zurück.

Wasser

In Deutschland hat selbst das Leitungswasser Trinkwasserqualität. Alternativ dazu eignet sich für den täglichen Bedarf auch ein handelsübliches Mineralwasser, das sich mit reinen Fruchtsäften, wie z. B. Apfel-, Trauben- oder Orangensaft bestens zu erfrischenden, gesunden Saftschorlen mischen lässt. Verzichten Sie auf sämtliche stark zuckerhaltigen Kindergetränke wie Nektarsäfte, Eistee und trinkfertige Softdrinks.

Zutatenregister

Register alphabetisch

Rezepte nach Gruppen

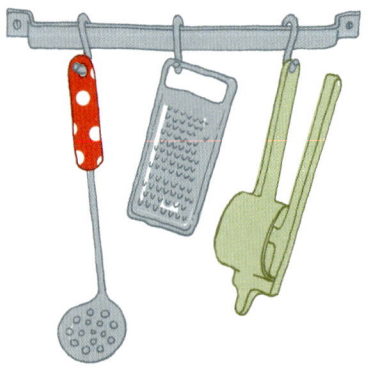

Snacks & kalte Küche

Getränke

Regina Schneider, geb. 1949, ist Journalistin und Bestsellerautorin (*Aldidente*), einige ihrer Kochbücher wurden mit dem Gourmand World Cookbook Award ausgezeichnet. Sie lebt mit ihrer Familie in Frankfurt am Main.

Birgit Hackl, geb. 1968, ist Kommunikationsexpertin, Autorin und begeisterte Köchin. Sie betreut mehrere Projekte in den Bereichen Kinder, Gesundheit und Bildung, darunter *ScienceKids*. Sie lebt mit ihrer Familie in der Wetterau.

Thorsten Saleina, geb. 1970 studierte Kommunikationsdesign in Hamburg. Er arbeitete als Grafikdesigner in diversen Werbeagenturen bis er beschloss, seiner Leidenschaft, dem Zeichnen, nachzugehen. Heute illustriert er Bücher für Kinder und Erwachsene, lebt und arbeitet in Hamburg und isst gerne mal ein Schnitzel.

Aus der Homemade[Ⓗ]-Küche

»Nicht nur, dass die Autorinnen mit originellen Ideen auftrumpfen ..., auch die Illustrationen von Miriam Koch sind reizend. *Homemade* ist so liebenswert, dass das Buch selbst ein prima Mitbringsel hergibt.«   *Saisonküche*

Regina Schneider & Birgit Hackl

Homemade[Ⓗ]
99 kulinarische Mitbringsel

Glückwunsch · Dankeschön · Mitbringsel auf Bestellung · Süße Trostpflaster · Festtagsmitbringsel · Die pfiffige Speisekammer

Illustrationen von Miriam Koch
144 Seiten; ISBN 978-3-8369-2570-9

Regina Schneider & Birgit Hackl

Homemade[Ⓗ] Party
99 kulinarische Mitbringsel

In großer Runde · Im kleinen Kreis · Wenn es regnet oder schneit · Wenn die Sonne lacht · Feiern de Luxe · Partyklassiker · Bei Anruf Party

Illustrationen von Miriam Koch
160 Seiten; ISBN 978-3-8369-2591-4

Regina Schneider & Birgit Hackl

Homemade[Ⓗ] Weihnachten
99 kulinarische Überraschungen und 4 Festmenüs

Laterne · Advent, Advent · Von drauß vom Walde · Morgen, Kinder · Alle Jahre wieder · Prost Neujahr!

Illustrationen von Miriam Koch
160 Seiten; ISBN 978-3-8369-2603-4

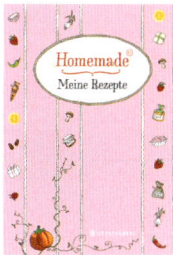

Homemade[Ⓗ] Meine Rezepte

128 Seiten zum Eintragen von entdeckten, ausgedachten, probierten und bewährten Köstlichkeiten

Illustrationen von Miriam Koch
128 Seiten; ISBN 978-3-8369-2604-1

Illustrationen: Thorsten Saleina
Gestaltung und Satz: typocepta, Wilhelm Schäfer, Köln
Druck und Bindung: Westermann Druck, Zwickau

www.gerstenberg-verlag.de

ISBN 978-3-8369-2623-2